# 变局思维

## 新形势下企业的战略剖析

谢祖墀——著

人民东方出版传媒
People's Oriental Publishing & Media

东方出版社
The Oriental Press

# 序 言

毫无疑问，世界已经进入了一个"百年未有之大变局"。

我一直从事战略咨询工作，客户包括企业、投资机构、政府和其他多边机构。1988年，我在美国旧金山加入了麦肯锡公司（McKinsey & Company）。20世纪90年代初，我回到大中华地区，在之后20年间先后负责波士顿咨询公司（Boston Consulting Group）和博思艾伦咨询公司［Booz Allen Hamilton，后改名为博斯公司（Booz & Company）］在大中华区的业务。2014年，我创立了高风咨询公司，一直到今天。

波士顿咨询公司是中国官方批准的第一家正式在华经营的国际战略咨询公司，它的开设可以说开启了一个新的时代。邓小平南方谈话后，中国积极加速改革开放，大量外资企业开始进入中国市场。作为第一家在华经营的外资战略咨询公司，波士顿咨询公司为不少跨国企业提供了战略咨询服务。入驻中国不久后，波士顿咨询公司的客户不断增多，包括中国内地企业（国有与民营）、投资机构、合营机构和政府机构，以及诸如世界银行和亚洲开发银行等多边金融机构，还有一部分中国香港地区的企业和机构的客户。

多年来，因为工作关系，我有机会长时间接触不同企业——包括内资、外资——与它们的领导者、高管以及普通员工进行近距离接触。我亦与不少政府官员、研究员、学者和投资人等不同群体进行深入沟通。尽管我的主要居住和活动范围在大中华地区，但作为国际管理咨询公司的高级合伙人和多家大型跨国企业的顾问，也长期频密地与国际商业精英阶层进行无缝交流和沟通。这些经历给予我近距离观察中国发展的机会，亦促使我将中国的发展从全球视野来进行分析和诠释——在考虑客户们的全球战略时，我必须将他们在中国遇到的问题和存在的机会一并考量。

我出生于中国香港，我亦不会忘记观察和思考香港的问题，香港与内地之间的关系，以至于香港、内地与全球其他地区的关系。特别是在香港回归之后，在"一国两制"框架下香港的发展，亦是我非常关心的问题。在过去30年间，我经常穿梭于香港与内地之间，对两者发展的比较感受更加深刻。

战略咨询工作，其实质就是为客户解决在经营和管理方面最为关键的问题。对这些关键问题影响最大的则是经营环境和外部格局——这些要素在今天和未来可能的变化对客户影响深远。从最基本的工作而言，就是对目前和未来的局势做出清晰的分析和判断，我本人思考研判的课题包括香港地区、粤港澳大湾区乃至中国内地以及中美关系与全球局势等。此外，商业、经济、政治、科技和社会等多方面亦在我考虑范围内。由于我的客户来自于不同行业，所以我也要关注不同行业的动态和发展。我的工作给予我接触许多不同的事物的机会，在协助客户进行相关战略分析时，我亦会及时修正与更新对不同事物的看法。从本质上来看，战略咨询工作就是去获取、分析、过滤和沟通知识，做到以上的每一点都需要不断地学习，而这一过程是自发地通过积累、迭代和沟通获得的。这也是一种修炼——通过这种修炼，咨询顾问能够建立足够的信心为客户解决关键问题——此举有可能改变一家企业的命运。

我非常感谢中国香港灼见名家传媒社长及行政总裁文灼非先生的邀请。从 2020 年 4 月开始，我应邀为其撰稿，文章内容主要是记录我在咨询工作上的一些观察和分析。因为时局发展迅速，若是我不将当时的思考写下来，过一段时间之后，很容易就遗忘了。为给广大读者提供一个参考，我将这些观察和分析整理成书，总字数超 10 万。

本书一共分为五大部分。

第一，世界剧变与中国机遇：该部分阐述在"百年未有之大变局"下，国际体系和国际秩序进入深度调整，而中国正处于近代以来最好的发展时代，需要在新挑战下把握新机遇。

第二，变局之下中国的新机会：该部分阐述全球变局中，中国诸多产业出现的重要趋势和行业面临快速发展的新机会。

第三，国际公司需要读懂的中国格局：该部分阐述随着中国市场的快速演变，外资跨国企业和国外品牌需要更加深入地了解中国市场的独特性和重要性，理解中国的创新和变化对企业的意义，调整企业和投资战略。

第四，中国公司把握机会融入全球：该部分阐述诸多中国公司正逐渐从本土公司发展成为全球公司，在全球化的新格局下，中国公司应拥有怎样的新思考和新战略。

第五，未来挑战及预备要点：该部分阐述在不确定的时代，面对诸如国际关系、新冠肺炎疫情等重大影响因素时，企业、投资人、政府，该如何调整自身战略，应对挑战，决胜未来。

中国改革开放后，由计划经济转型为有中国特色的市场经济，这一阶段有两大特点：第一，是对非国有企业（包括外资）的市场准入逐步渐进式开放；第二，是中国通过参与全球化进程，在经济上融入了全球经济体系。这一阶段已经超过30年，第一个特点今天仍然存在，第二个特点自美国前总统特朗普上台后出现变化，全球化形势开始大幅调整。但无论如何，中国在全球的角色已然举足轻重，全球其他国家与地区都无法忽视中国的重要性。

过去数年间，中国乃至世界都经历了不少重大事件：新冠肺炎疫情、中美贸易摩擦、"脱钩"、"清洁网络"，以及中国一系列科技公司受到美国政府的制裁——TikTok（抖音的海外版）、微信和小米等先后在美国受到不同程度的威胁，加上全球气候问题、数据安全和管理、人工智能（AI）管理等议题不断被提及，状况可谓层出不穷。

在这样的大背景之下，企业决策者和投资人的战略思考越来越重要，改变企业命运的往往是来自剧变中产生的力量。这种力量会导致企业大起大落，效果远超企业家在运营层面上的微调。

当下环境变得越来越复杂。变化越多，复杂性越高。企业过去得以成功发展的简单打法，已经不合时宜，或者说那些打法已经应付不了目前的挑战。目前来看，中国的崛起给企业提供了新的思考维度。无论外资跨国企业抑或中国本土企业，企业家必须把这一新的思考维度充分纳入战略思考之中。事实上，国际关系已经渗入各个企业的经营之中，所以，作为企业的领导者和投资人还需要将国际关系可能产生的影响纳入战略考虑之中。

西方需要更多地了解中国，中国亦需更多地了解西方。我一直谈到，中国的崛起不只是在经济、贸易领域，在创新方面也有着蓬勃的发展。虽然在一些高端技术方面，中国仍然有不少短板，但在科技创新和商业模式创新等许多方面，中国过去十多年取得了长足的进步和成就。在此基础上，中国的研究人员、政府和创业家还继续钻研着新的创新之路。

客观来说，跨越国界的跨国金融资本既有负面效应，又有正面效应。跨国企业由于跨越国界，所以它们的思考角度与从政人士和媒体往往很不一样。企业更关注在哪里如何赢利，在诠释中国及中国与全球关系的问题上，往往更加客观。

就我所见，越来越多的跨国公司意识到中国的重要性。对它们而言，中国不仅是一个重要（甚至是最主要）的市场和全球供应链枢纽，同时中国也因不断处于创新前沿而成为创新思想和知识的发源地。不少跨国公司已经意识到，如果不在中国深耕和参与中国式创新，那么在创新方面的知识和发展模式很可能会跟不上竞争对手，这将削弱它们在中国乃至全球的竞争优势。走在最前沿的跨国公司意识到，必须派遣最优秀的人才来中国学习中国式创新，以便未来可以把在中国学到的知识，在企业内部进行传播和培训。但是，这些跨国企业不可避免地会受到国际关系所引发的问题的困扰，甚至一部分公司出于国际关系的因素，已经开始进行调整。这将会对这些企业的中国发展战略以及全球发展战略和供应链产生深层的影响。

在过去二十年间，不断进行创新和颠覆的中国企业，在经历了多级跳式的发展之后，不少已经成为规模和影响力较大的企业，特别是一些互联网企业，已经形成了庞大的平台组织。不过，在高速发展的过程中，也出现一些问题，诸如过度集中，垄断，还涉及国家数据安全、个人信息隐私与社会责任等。这些问题叠加国际关系的变化，企业经营的新"红线"就凸显了出来。企业领导者和投资人必须清晰地认清这些"红线"，在考虑企业战略时，必须将这些"红线"纳入战略考虑之中。

20世纪90年代初期，正值中国改革开放进程加速之际，西方国家，特别是美国，积极推行全球分工。它们将劳动密集型的制造业转移到中国，同时将软件开发、离岸呼叫中心等转移到印度或其他国家。我们可以将这个阶段称为"全球化1.0"。尽管全球分工在全球层面有积极意义，但其中有人得益亦有人受损。总的来说，中国在这个阶段赢得了全球化的红利，经济亦随之高速发展。

今天的国际局势已经出现很大的变化，全球化1.0已经走到尽头，大家都在猜测下一阶段的全球化（或逆全球化）将会以什么形式出现。可见之未来，促进全球融合和引导全球分裂的两股力量将会同时出现，并且相互发生作用。与30年前不同，今天中国的中等收入群体已经形成，并颇具规模，而且还在不断壮大。同时，中央政府亦已掌握足够的政策工具来持续刺激中国国内需求。在全球化1.0阶段，中国只是一个主要的供应端。在下一阶段（可称为"全球化2.0"），我预测，中国将同时成为供应端与需求端；同时以西方为主要需求端的旧全球化的格局将在某种程度上继续存在。换句话说，全球化2.0包括中国经济的"内循环"和中国与国际市场的"外循环"，这正符合了"双循环"

经济理念。当《区域全面经济伙伴关系协定》(RCEP)进入实施阶段,中国"内循环"的定义将得以扩大。但是,在这个大框架之下,国际关系和其他因素所导致的分裂亦可能同时产生。某种程度上的供应链的"区域化"和"本土化",甚至某种形式的"脱钩",亦有可能出现。世界将不会是绝对"平"的。

在此"百年未有之大变局"中,中国亦在进行着深刻的变化。自1840年以来,中国的知识分子历经一波又一波的反思,对中国应走的道路进行了多次深刻的思考。新中国成立后前30年和后40年的改革开放,为今天中国发展中国特色社会主义奠定了不同程度的基础。今天,中国在思考如何"以史为鉴,开创未来"。

中国拥有五千年持续传承的文明,而且,近代以来,中国亦在不断拥抱着未来。中国数千年的文化积淀形成了具有包容性的体系,儒释道以及其他诸子百家的思想,在中国文化大熔炉中有机地结合在一起。

这一包容和融合过程仍在进行中,中国亦在吸收马克思主义和市场经济的同时,将它们融入于中国庞大的思想体系之中。中国正在追求"有中国特色的现代化",其中有新亦有旧,有中亦有西,有计划经济亦有市场经济,有内循环亦有外循环,有分散亦有集中。在展望未来的时候,人们亦不忘记反省和借鉴过去的经验。我认为,这条道路将会为中国开拓一个更新、更进步和更

具有韧性的局面。同时，通过"人类命运共同体"的理念，中国
将会为世界其他地区做出贡献。

当下是"百年未有之大变局"，也是定义全球新一代秩序的
关键时刻。感谢文灼非社长给予我在"灼见名家"栏目中发表拙
见的机会。同时，非常感谢高风咨询公司的优秀团队给予我的支
持和协助，他们是胡瑞琪、毛莉丹、李海燕、林君倩、陆宇俊、
汤畅、张俊蕾和张倩。

谢祖墀

2021 年 12 月于中国香港

# 目　录
## CONTENTS

第一章

世界剧变与中国机遇

# 一、"去全球化"和"去中国化"的可能性

本文与大家分享关于"去全球化"以及"去中国化"的话题。首先我要做一个简单的说明——什么是"全球化"？全球化的话题，大概缘起于 30 年前。我于 1988 年加入美国麦肯锡公司，接触了不少离岸项目，协助客户将一些劳动密集型的工作迁移到中国，再将一些与 IT、软件开发相关的工作迁移到印度。这些地区相对来说劳动力比较便宜，而美国只做产业的高端部分。此即所谓的全球化的开端。后来，全球化发展为基于各国的比较优势进行的全球分工。恰好随着中国的崛起，廉价劳动力出现，很多制造业工厂都迁移到了中国。

除了全球化之外，还有一个重要概念是多边主义。多边主义的核心要义是多个国家通过普遍的行为准则，以及共同认可的治理架构，共同解决国际性问题。2005 年，美国记者托马斯·弗里德曼出版《世界是平的》——自此很多中国人都相信世界是平的。这本书将全球化分工进程解读为各主体将负责的部分尽量做好，不属于自己的部分则不去理会。

"去全球化"则是完全相反的概念。美国前总统特朗普上任以后采取的很多不同措施，都是与全球化进程或原则相违背的。

全球化分工会受到人为因素的干扰，特别是某些国家的特定法规，如以国家安全为名，对按照比较优势形成的天然全球分工进行人为干扰。因此，在某些地区，多边主义逐渐被单边主义所取代。单边主义强调某个国家的利益优先，其他国家的利益则不太顾及。如今，很多人觉得"世界是平的"这个概念已经不再适用，世界已经不太平坦。这是全球化跟去全球化的冲突所致。

还有很多人提到所谓的"去中国化"，基本意思就是说要撤离中国。中美贸易摩擦发生后，特朗普提倡美国优先的单边主义，使这类问题逐渐浮现。2020年4月开始，日本政府及特朗普的经济顾问拉里·库德洛（Larry Kudlow）相继表示帮助企业撤离中国，法国雷诺公司全面退出与中国东风公司合资成立的东风雷诺……这些事件差不多在同一时间出现，引起多方关注，许多人猜测外资将会集体撤离中国。当然，事情后续如何，还待进一步观察。

### 中国面对的五大挑战

我认为，当今中国的确面临很多挑战，但同时中国也有很多机会。

先从挑战说起。

第一，全球经济可能持续低迷，部分国家深受新冠肺炎疫情困扰，经济进入负增长，甚至有一小部分国家和地区可能进入经济萧条。这也是对中国的一个挑战。

第二，出于种种原因，西方民众已经产生了不友善情绪。这不单是某个政党的问题，西方有些民众很容易受到大众媒体的影响，很可能已经对中国产生不信任。

第三，不少人关心，疫情之后是否会出现"去全球化""去中国化"继续蔓延的情况，全球新秩序究竟会怎样发展。

第四，中美贸易摩擦升级，美国出于种种原因，以国家安全为由，限制中国某些科技企业的发展，特别是华为在美国和其他国家的发展。中国在核心科技，例如芯片发展方面始终面临着巨大的瓶颈。

第五，对于美国来讲，2020 年是最吊诡的一年，美国总统大选年什么事情都会发生。民主党拜登的上台，对中国来说是挑战，同时也蕴藏着机会。

**重要供应链难以在短期内撤离中国**

回到我们前文所讨论的问题——到底有没有所谓的"去中国化""去全球化"以及大批国外的供应链企业是否会撤离中国。

简单来说，供应链可以分成三种。第一种是劳动密集型供应链，如运动鞋、服装、玩具等行业的供应链。十几年前，很多相关企业已经逐渐从中国迁移到周边国家，如越南、柬埔寨、孟加拉国。这一过程持续了十几年，将来还会继续。部分人所说的"供应链撤离中国"，就是指这类比较基础的供应链。

第二种则是以美国为主要出口市场的供应链。这类供应链主要为较简单的消费电子产品。中美贸易摩擦发生后，美国提高了这类产品的关税，一部分企业就从中国迁移到了附近关税较低的国家，比如马来西亚。但这种迁移是关税提升这样的人为因素引起的，假如有一天贸易摩擦停止，关税回到比较合理的水平，这部分供应链有可能还会回到中国。

第三种，基于我个人的研究发现，可能是目前最重要的一种供应链，即所谓的复杂供应链集群——比如包含大量零部件的高科技电子产品，这需要大批掌握科技技术的生产商聚集研发与生产，并以强大的能力进行组装，这部分其实是中国的优势——过去 20 多年，中国大量实力强大的企业已经与当地上下游企业形成了高黏性，这些供应链几乎不可能离开中国，因为没有任何一个国家能够马上复制中国在这方面的能力。

因此，短期之内，并没有明显的信号显示，全球比较重要的供应链会马上撤离中国，或者大量撤离中国，甚至中国可能出现更多的供应链。尽管日本、美国提供了一些所谓的补贴政策鼓励其企业搬离中国，但供应链转移是一项非常复杂的工序，牵扯因素众多。对于客户来讲，供应链提供者必须同时符合三方面的标准：第一，成本控制得很好；第二，质量控制得很好，起码要过关；第三，时效性要好，反应速度要非常快。从这三方面来讲，复杂供应链的迁移难度很大，除非有很大的突发性因素迫使其改变。当然，其中一个因素就是刚才提到的人为因素，即来自某些国家出于政治原因或其他原因进行的人为干扰。这种风险对很多大型企业来讲亦是心头大患，因为不知何时会有新的非经济因素出现，产生人为干扰，供应链无法实现天然的优化。

### 中国需解决重要的技术瓶颈问题

中国企业面临的限制，除了经济因素之外，还有科技因素。目前，中国在制造业的核心技术方面还存在很大的发展瓶颈。芯片设计方面主要是美国领先；代工方面主要是中国台湾地区台积电（TSMC）、韩国三星占优。中国虽然在追赶，但是难度比较大。但我想所有现状都不是绝对不变的，因为中国拥有巨大的市场和巨大的生产基地。对于芯片供应商来说，中国客户就是最大的客户。美国最大的几个芯片供应商在中国的业务份额占比很大。所以说，这不仅是科技问题，也是市场问题，或是顾客与供应商之间的博弈。我认为解决技术瓶颈是中国近期的一大挑战，同时也是发展的重要契机。

对于"去全球化""去中国化"问题无须过分纠结。原因之一，我的工作内容是管理咨询与战略咨询，客户是大型企业及政府机构，所以我对它们的情况了解得比较清楚。据我所知，很多外企关心的并不是"去中国化""去全球化"问题，而是经营问题、现金流问题，特别是在新冠肺炎疫情发生的时候。原因之二，它们大多数会受到美国国内情绪的影响，包括全球首席执行官（CEO）以及董事会都有不同想法，所以即便需要迅速做出战略性决策，也不一定能够做到果断决定。原因之三，它们非常认可中国对于全球供应链的重要性，以及中国对其自身发展的重要性。这两者中的任何一项，都让它们不得不慎重考虑离开或是不离开中国。

还有一点是其他人没有关注到的，就是现在外企越来越欣赏中国在创新方面，特别是在数字创新方面的能力。它们很清楚地知道，如果离开中国，将会离全球最领先的商业创新高地越来越远，因此，跨国企业选择留在中国，不单是因为中国市场强大，更是因为中国是企业最好的学习场所。一些跨国企业已经用行动证明这一判断，追加了在中国的投资，包括雀巢、大众等。

总体来说，一方面，全球化发展模式将会有所变化，但仍是世界发展的主流；另一方面，未来的世界的确会呈现局部区域化、本土化回流的趋势，形成逆全球化浪潮。

而中国不会遭遇"去中国化"，其在全球的经济重要性会持续提升，并通过投资、消费和创新引领全球化新的进程。

中国企业家以及跨国公司决策者看问题的时候要思路清晰，不要人云亦云。机会永远是有的，但机会是留给有准备的人的。

## 二、全球数据治理的重要性和迫切性

美国在特朗普执政时期已将多家中国科技公司列入黑名单，其中包括资讯与通信行业巨头华为。TikTok 也成为它们的目标。TikTok 是总部位于北京的字节跳动旗下炙手可热的短视频应用程序。美国官员表示，禁止 TikTok 在美国境内应用商店下载、更新是出于对国家安全的考虑。

然而，在禁令出台之前，TikTok 早已在业务上独立于其母公司字节跳动。时任 TikTok CEO 的凯文·梅耶尔（Kevin Mayer）是美国公民、迪士尼公司的前高管。TikTok 的数据中心位于新加坡和美国加州，而且其估值超过 750 亿美元的母公司字节跳动是一家民营企业，约 70% 的股本来自美国投资者。

### TikTok 禁令理由成疑

华盛顿方面以国家安全为由打压中国科技企业并不是新鲜事。一些专家的说法是，从技术上来讲，TikTok 可以将数据发送到中国，因为中国有可能依法要求所有中国互联网公司按需提供数据，无论该公司在哪里运营。但是，到目前为止，没有证据表明这种情况曾发生过。

如果仅因为这种可能性就禁止公司在本土之外运营，那么今天世界上的几乎所有大型互联网公司都无法在海外开展业务。因为这类公司都是数据公司，并且不论公司所有权的结构如何，理论上它们都可以开发自己的算法来操纵数据。

有人还声称，TikTok禁令是对美国科技公司被封锁的对等举措。

但是，与TikTok数据拥有方式类似的美国公司——领英、亚马逊、微软、苹果、特斯拉、贝宝和思科等多家数据公司都在中国正常运营，甚至对于离开中国内地的谷歌和脸书（Facebook）而言也照常做生意——因为一些中国本土企业渴望进军海外市场，所以中国市场仍然是其广告收入的主要来源。

### 中国正积极敞开大门

相较于华盛顿持续的抨击和推行的愈来愈多的贸易保护主义政策，中国却一直在进一步开放市场。在2018年年中，中国决定逐步取消对汽车公司的外资所有权限制。随后特斯拉在上海建立了超级工厂（Gigafactory），并成为首家外资独资的在华运营汽车制造商。

2020年，英国电信营运商BT成为首家在中国获得全国营运许可证的非中国电信公司。中国在石油和天然气行业对外资的限制也已大大放宽，而中国庞大的金融市场亦对外国投资者开放了。

目前中国正积极向国外敞开大门，而西方世界尤其是美国正转向单边主义和贸易保护主义，中国与西方的对比耐人寻味。

### 美国对华态度大逆转

一些人预测，受新冠肺炎疫情对供应链的影响，大量外资企业将会撤离中国市场。但目前来看，大量外资企业退出中国的现象还没有发生。相反，中国科技公司正试图走向全球化。例如，TikTok 正考虑在伦敦设立全球总部，并脱离与其母公司字节跳动的联系。

TikTok 的禁令是过去几年美国对中国企业的态度大逆转的一个典型案例。然而，引用美国一位共和党参议员的话来说，母公司字节跳动意将 TikTok 打造成"世界之窗"的设想，已经被不当舆论扭曲，被误导成为美国民众的"特洛伊木马"（一种误导使用者的恶意软件）。同时，特朗普不断滥用夸张这一修辞手法，将世界银行前行长罗伯特·佐利克（Robert Zoellick）所说的中国是潜在"负责任的利益相关者"歪曲为"战略威胁"。

### 美国放弃全球化给世界带来的机会

美国想方设法遏制中国影响力的同时，也破坏了其数十年来努力用成功经验打造的全球秩序，包括拟定战后《关税和贸易总协定》并促使世界贸易组织成立的历史成果，也一并受到一定程度的破坏。

长期以来，世界各国一直在追随美国的领导，但美国的全球领导力正在被削弱。特朗普之前声称政府应从 TikTok 在美出售股份的成交金额中获得"很大一部分"，这提议进一步削弱了美国的全球领导力。

尽管现存的全球体系不是尽善尽美的，但其对于维持国家之间的信任和秩序是必不可少的。极端的禁令或强迫外国公司出售等干预措施，严重破坏了全球体系的运作方式，更破坏了其潜在价值观。

一个国家如果摒弃全球化及其基本价值观，这也意味着放弃了全球化带来的机会——包括人人享有经济发展带来的更大的蛋糕、技术的普及、公共福利的改善与全球化的思想交流的机会。即使 TikTok 可以比较理想地平息此次事件，但从事跨境业务的企业仍需谨记，海外运营环境始终需要具有一定程度的稳定性和可预测性。

**中美两国应共同努力**

从 TikTok 事件中我们还应意识到，各国需要对全球治理模式进行审查。各国不仅需要制定通用的企业和政府行为准则，更要考虑如何合理地存储、使用和保护跨境数据。这需要具有不同意识形态和政治制度的国家之间的相互信任和共同意愿，然而这并非易事。

大国领导人应帮助其国家乃至世界创造出有益于未来发展的愿景。正如历史学家哈罗德·詹姆斯（Harold James）所说："全球化之所以失败，是因为人类及其创造的制度无法充分应对互联世界带来的精神上和体制上的后果。"

新冠肺炎疫情带来的深刻的人道主义影响和经济挑战，放大了当前全球治理体系的不足，但也突显了合作共赢和寻求负责任的全球领导者的紧迫性。

为了国际事务和全球利益，中美两国应共同努力，加强全球事务和数据治理体系建设，而不是采取武断的方式破坏这一体系。

## 三、跨国企业意识的转变

中国的商业领域正在发生根本性的变化。跨国公司并非一些人断言的那样开始撤离中国，反而加倍追加了在华投资资金。事实上，2020 年中国的外国直接投资（FDI）增长了 4%，美国却下降了 49%，中国首次超过美国成为 2020 年全球最大的外国直接投资国。

有关在华跨国企业的数据也反映了类似情况。2022 年 3 月，华南美国商会发布《2022 年中国营商环境白皮书》，文件显示，受访企业中，约六成表示 2021 年在华营收增长，回到疫前水平，约七成表示未来还有在华扩张的计划。中国德国商会 2022 年年初的商业信心调查显示，71% 的受访德企有在华追加投资的计划，这显示出跨国企业对中国市场的信心。

特朗普执政期间，美国政府曾多次对中国施压，造成中美两国的贸易摩擦。尽管如此，中国仍然继续坚持走改革开放道路，放宽市场准入。例如，中国开始开放此前管制比较严格的金融服务业。贝莱德集团已获批在中国设立全资资产管理业务。而且就在 2020 年 2 月初，贝宝（PayPal）成为首家在中国建立外商全资控股的第三方支付平台。

之前规定外国汽车制造商必须和中国企业组建合资企业的政策也已经取消。特斯拉迅速抓住机会，在上海建立了先进的超级工厂。大众汽车将自己与中国本地企业江淮汽车合资企业的股份提高到了 75%。这些事件都显示中国的市场越来越开放，以及跨国企业对中国市场的信心不断增加。

### 中国创新蕴藏巨大潜力

随着中国加快放松市场管制的步伐，再加上中国庞大的市场规模、政府政策的支持以及中国企业自身的创造力，中国孕育出一个又一个特别具有世界竞争力的企业。跨国公司已经充分认识到，中国已是高度创新的国家，要想提升自身竞争能力，就必须向中国企业学习，并创造出针对中国市场的最佳创新方案。

例如，当中国政府鼓励开发新能源汽车时，除了特斯拉之外，蔚来汽车、小鹏汽车以及比亚迪汽车等中国企业同样活跃。此外，连接技术和自动驾驶技术也在汽车行业被应用，这就要求汽车制造商持续加强创新。为了保持竞争力，目前的大型外资汽车制造商正在努力开发针对中国市场的产品和服务模式。大众汽车行政总裁赫伯特·迪斯（Herbert Diess）曾表示："中国市场蕴藏着巨大的机遇，中国技术也在快速发展。"

在消费品行业，本土企业也在通过社交电商等领域的创新向宝洁、联合利华以及欧莱雅等快消品巨头发出挑战。关键意见领袖（KOL）通过抖音、哔哩哔哩、快手等流行应用程序平台同消费者建立庞大的社会关系网，并彻底改变了消费者的购物体验。例如中国美妆品牌完美日记，通过激活各个层级的 KOL（主要包括名人和顶级、中端、微级以及关键意见消费者）的营销策略，在 2019 年 1 月至 2020 年 9 月期间一跃成为中国电商平台天猫唯一一家月销售额超过 1 亿元人民币的彩妆品牌。

跨国企业逐渐发现，中国的创新在其他国家和地区也蕴藏巨大的潜力。松下洗衣机专门针对中国消费者开发的具有杀菌功能的产品也同样适用于日本消费者。许多西方零售商正聚力研究淘宝、京东等中国电商领航者的全渠道零售布局和运行模式。

**跨国企业对中国的看法发生重大转变**

美国一家大型工业公司的中国区负责人曾对我说，起初他以为自己来中国的目的是传授知识与经验，但他在中国生活一段时间后，才发现自己是来中国学习知识与经验的。另一位美国大客户告诉我，他们的董事会希望中国团队利用中国的知识来促进公司在世界其他地区的业务发展。为了让企业在更加先进的创新生态环境中接触电动化、自动驾驶等新的创新技术，宝马已将其总部位于慕尼黑的"宝马初创车库"转入中国。

这些情况表明，跨国企业对中国的看法已经发生了重大转变。中国不仅具有市场规模、利润和供应链等硬实力，也正成为创新、知识和灵感等软实力的源泉。这主要是因为中国经济具有内生的能力，这种能力是通过对治理模式反复的适当的试验而建立起来的。中国治理模式的关键在于中央政府自上而下的高效计划同极具动力的创业企业阶层互相结合。各地方政府在执行中央政府政策的同时助力企业发展，成为中央政府和创业企业二者间的黏合剂。

**美国如何认识中国新现实？**

跨国企业现在开始逐渐意识到这一根本转变——中国的发展

和韧性很大程度上得益于中国的内部推动力和治理模式，以及中国通过国际贸易和世界各国之间的互联互通。跨国企业可以通过参与中国的经营来获益，同时也可以加强自身的整体竞争能力。相反，如果它们选择反其道而行，很可能会被边缘化，甚至被淘汰。

那么，这对美国政府来说意味着什么？美国政府的主要负责人应当意识到，最符合美国自身利益的对华政策，必须在与中国竞争的同时，发展某种形式的合作，其关键则在于如何实践。

在我看来，关键是相关人等要正确认识中国在过去几十年所经历的一轮又一轮的实质性变革。中国的新现实表明，"中国崩溃论"以及"修昔底德陷阱"等说法，并不是指导美国对华外交政策的有效工具。拜登政府也应该摒弃在过去4年间，许多美国决策者以及具有影响力人士对中国的打压思维与指责的态度。相反，拜登政府应保持客观的立场，深入了解中国的成功之路，学习中国经验，而不是仅仅因为意识形态的差异就对中国所做的一切予以否定。美国不能墨守成规，而要找寻一条新的道路，这条道路应该由内部改革开始。

## 四、全球化 2.0 时代的企业战略

全球正处在"百年未有之大变局"中，政治、社会或商业等

多方面都处在变革之中。在这样的情况下，许多企业家，无论是外企还是国企，包括民营企业的负责人，都可能有自己的看法与困惑。

## 大变局之下的全球化 2.0

在全球化 1.0 的时代之中，美国既是主导者，也是最大受益者之一，因此在迈向全球化 2.0 的过程之中，客观变化的发生将赋予中美各方改变彼此关系的机遇。

全球化 2.0 背景之下，中国扮演的角色越来越重要，承担的责任也更重大，中国不只是产品输出国，同时也是重要的需求端。经过几十年的发展，中国的消费能力已经有了巨大的提高，国内中等收入群体的兴起，形成了巨大的市场需求。这个供需在国内形成了一个循环，同时，中国在国际上的供需循环也继续存在，而且还有足够的能力跟外国进行贸易。

## 中美关系潜在的三个场景

在驱动全球大变局的因素中，首要的是政策因素，特别是中国政府的政策；其次是科技的发展；最后是需求端需求模式的改变。美国和中国的关系未来可能出现三个场景："区域隔离"、"竞争与合作"和"一个世界，两个系统"。

在过去几十年，除了某些特殊的行业之外，例如能源与石油行业，国际关系因素并不会被企业主动纳入其商业战略的规划之中。但是如今，国际关系深刻地影响着每个行业，它为企业的发展设置了一些"红线"，客观上成为企业战略思考当中的约束因素，并一定程度上限制了企业的选择。

由于国际关系因素的影响，企业家需要考虑，哪些情况之下，企业的经营战略可以完全由自己来决定；哪些情况之下，如国际关系剧变之下，企业家必须及时做出战略调整。

我们正面临前所未有的挑战。整个全球的发展，无论是全球化 2.0，还是"一个世界，两个系统"，影响企业发展的力量都是跨国界的，它无处不在，几乎没有企业可以逃避。

后疫情时代，全球化与逆全球化的影响相互交织，中国在全球发展中扮演的角色将愈来愈重要。今天，几乎所有较大规模的企业都在不同程度上归类于全球企业，都受到相近的驱动因素影响。中国企业，看问题的时候一定要有全球视野，要对全球的格局有深刻的理解。

### 战略的第三条路

几十年前，西方经典理论认为企业的战略只有两条路。第一条是集团式多元化发展方式，由做大到做强。第二条是通过核心竞争力，聚焦最有优势的领域，只在自我定义的约束边界里进行竞争。

现在，国际关系带来红线与约束，由于全球化 2.0 的出现，这些叠加的因素将世界带入一个充满非连续性、更多不确定性的时代。企业不得不面对诸多非连续性、不确定的问题，所以，我们看到成功的企业更倾向于战略的第三条路：发现机会，立刻抓住，在跳跃至新业务的过程中弥补完善自己的能力。

因此，在多元化和聚焦核心竞争力的边界之外，企业的发展应该是跳跃式的。当有新的机会出现，即便企业还没有足够的能力在新的领域里开展充分竞争，还是先要判断值不值得跳过去。企业可以不跳，维持原有的状态；如果决定跳，那么跳过去之后，企业需要适时采取有力措施来弥补其在能力上的差距。中国的不少企业就是这样发展起来的，也包括西方比较成功的企业，如亚马逊、谷歌等。

这里建议的"跳跃式"与"适时"，并不代表企业不需要将业务做到极致。在今天竞争激烈的状态下，企业不专注、不把业务做到极致是很难成功的。

需要强调的是，战略的第二条路中的核心竞争力概念，大部分人理解的是"边界的固定"，而不是更本质的"专注"。

**企业边界的扩大与缩小**

企业的业务边界是否存在固定划分，这是判断企业是否选择战略的第三条路的标准。但无论企业选择走上哪一条战略道路，在竞争面前，企业要成功，都必须做到专注和极致才行。

阿里巴巴与华为作为两个典型的案例说明，对企业来说，边界是可以延伸的、动态的，是可以扩大，也可以缩小的。当企业成功跳跃了，边界就扩大了；如果没有成功跳跃，边界不仅没有扩大，甚至可能会收缩、减小。

在快速发展的不确定环境中，企业不是一开始就能决定自己的边界在哪里，企业的边界是在机会与能力之间博弈出来的结果，可以说"边界 = 机会 × 能力"。而国际关系因素或其他因素，往往是人为地将企业本来可以自然发展的边界缩小，或者将其引导到另外的方向。

总的来说，组织架构、创新能力与人才建设等企业的基本面依旧是其立足之本。在此之上，企业需要有足够的忧患意识和进取心态，在动态的发展过程中同时具备宏观的战略思维以及微观的落地能力。希望大家能够借助这一框架，帮助自己思考——在这样的大变局之中，自己的企业如何走上战略的第三条路。

## 五、中国企业的全球化视野

大变局时代企业的生存以及未来都具有很大的不确定性，企业家必须具备怎样的战略思考？

从过去几年美国政府对一些中国企业的打压来看，所谓的国家安全的问题已经是悬在中国企业头上的"达摩克利斯之剑"。TikTok 在美国遭遇政府直接干预股东身份事件的出现，则更代表"数据安全""数据主权"等问题急需企业家的考虑与应变，对出海的中国企业来说类似事件已经是不可避免的事情。

### 三大因素驱动中国企业发展

从企业战略层面来看，驱动中国企业发展的主要力量是什么？我归纳为三个主要因素：政府的政策、科技的发展、需求端的变化。

从政策来说，"十四五"规划将科技创新以及双循环这两个战略作为重点，"中国制造 2025"不断要求提高中国在高科技制造方面的竞争力，此外还有 2060 年中国要达到碳中和，以及致力达到"共同富裕"。

从科技进步来说，在过去十几年间，已经有不少中国创业者通过移动互联网平台，在电子商务、社交媒体与大数据等领域做了大量的工作，而且也造就了不少成功的创新企业。今天，世界正在进入一个新的科技时代，主要颠覆性的科技包括物联网、5G、大数据、人工智能、区块链等。新的创新阶段正在来临。

从需求端来说，因疫情关系，在大健康、远程办公和娱乐、自动化与智慧出行等领域涌现出不少新的商业模式。随着智慧城市的发展，未来特别是跟公共议程相关的问题都会逐渐通过智慧城市的方式来处理。这需要不断地创新，政府和社会资本合作（Public-Private Partnership，PPP）将更加普遍。

**全球化 2.0 时代来临**

随着国际形势的转变，国际关系对企业的影响变得越来越大。

在国际关系问题突显的今天，中国在世界中的定位将是怎样的？有一派人士的观点认为，中国将会崩溃或者将被孤立，全球化时代将会结束；还有一种观点则认为，世界将会进入一个新的全球化 2.0 的时代，中国的角色将日益重要。

在全球化 1.0 时代，通过全球分工，中国主要是作为一个供应端，西方发达国家是需求端。经过 30 多年的发展，全球化将会进入 2.0 的时代，中国除了仍然作为主要的供应端之外，同时也将是重要的需求端。

全球化 2.0 的发展跟"双循环经济战略"不谋而合，RCEP签署后，中国与亚洲地区国家，以及澳大利亚、新西兰，将逐渐成为单一的贸易区，在全球化 2.0 的发展中，亦将成为主要的组成部分。当然，在全球化 2.0 的时代，一部分区域化和本土化现象亦会出现。

在这样的场景下，每个行业所面对的挑战、机遇都不一样，格局的发展也有所不同。例如半导体是高投资、高风险的行业，所以它特别适应全球化 1.0 之下全球分工这样的做法。当时，中国内地在芯片设计与制造方面并没有花太多精力，对应的是，中国台湾地区台积电的代工，欧洲的光刻机，德国、日本与韩国的高端零部件都做得很好。

为了不被"卡脖子"，中国正在努力发展高端芯片行业，但同时中国的制造业还会继续发展下去，一般制造和先进制造会共同存在。

另外一个案例是农业和食品行业，这类行业将会继续全球化。中国的中等收入群体不断壮大，他们对于食物的营养与健康的要求愈来愈高。对此，国内可以提供一部分供给，国外也有很多优质资源，未来中国社会可以通过适当的渠道来获取更多的相关产品。

跨国公司在中国发展的模式也在改变。以前跨国公司把西方的产品和商业模型简单地从西方移植到中国，但是它们逐渐发现中国不只是一个庞大的市场，更是许多创新的来源。中国的很多创新可以影响到西方的产品和商业模型的设计。"以中国为核心"变成了很多跨国企业新的发展方式。

世界正在处于一个巨大变局之中，在某些领域，中国正面临更大的挑战，但总体来说，中国在全球发展中的角色将愈来愈重要。从某些角度来看，外资、内资的边界将会愈来愈模糊，企业需要拥有全球视野，甚至将自己作为全球性企业来看待。

**练就在变局中生存的基本功**

企业应该怎样生存下去？企业本身基本的工作还是要扎实——无论是建立能力、竞争力、创新、转型，还是企业的组织架构优化或者重组，激励与吸引人才措施等，这些都需要落实。但就算企业完成了这些基本的工作，在面对新的挑战时，以上努力往往还不足以完全应对。

在大变局时代，企业领导者的视野、胸襟和领导力非常重要。领导人的能力往往是影响企业能否"活下去"的最关键因素。我对这方面的总结有以下几点：

第一，领导者既要有很强的忧患意识，又要有很强的奋斗意识。

第二，要避免整个企业陷入"负面的集体潜意识"。

第三，企业家需要通过积累知识提升对未来的判断能力，这些积累包括企业家对全球的发展、各国政策等方面的知识。

第四，所有有追求的公司都需要有全球视野，不但要有宏观的眼光，同时也要有微观的手段。

# 六、"脱钩"还是"再挂钩"：
## 日益错综复杂的中美关系

美国贸易代表戴琪在 2021 年 10 月 4 日的一次有关贸易的讲话中表示，现在与其继续说中美"脱钩"（De-coupling），不如开始思考中美之间的"再挂钩"（Re-coupling），她的言下之意即所谓的"脱钩"应该成为过去，或者说"脱钩"已经失去了意义。

她的言论是否准确？"再挂钩"是否真的会发生？如果是真的，将会如何发生？对于商业的启示是什么？

### 美国公司成群结队离开中国？

一般人认为，特朗普执政期间实施的一系列对华干预措施，是造成中美两国在经济、贸易和科技方面"脱钩"的重要原因。这些措施包括将华为、商汤科技和海康威视等一系列中国科技公司列入"实体清单"，限制这些公司在美国开展业务。

此外，还计划开展"清洁网络"行动，该计划的目的在于排除美国通信网络之中的中国企业和它们的科技，同时尝试限制TikTok、微信和小米等一些中国公司在美国的业务。在 2020 年年初，中国新冠肺炎疫情暴发的高峰期间，不少人预计大量外国公司，尤其是美国公司，将成群结队地离开中国。这些人将这一预测的现象称为"去中国化"。

让我们来审视一下，之后都发生了什么。

据英国《金融时报》报道，流入中国的资金创下历史新高。累计外国直接投资从 2010 年的 5870 亿美元增加到 2020 年的 1.9 万亿美元。尽管全球外国直接投资在 2020 年下降了约 33%，从 2019 年的 1.5 万亿美元降至 1 万亿美元，但流入中国的外国直接投资仍然有所增加，从 1410 亿美元增加到 1490 亿美元。

在中美双边贸易方面，2020 年中美双边贸易额达到 6300 亿美元，较 2019 年增长 16.4%。这个数字在 2021 年前六个月达到了 3410 亿美元，同比增长 45.7%。

上海美国商会在 2021 年 9 月发布了一项调查报告，125 家在中国有制造业务的美资企业之中，有 72% 的企业表示没有计划在未来 3 年内将任何生产迁出中国。

另外，加州大学尔湾（Irvine）分校的萨曼莎·韦尔瑟姆斯（Samantha Vortherms）教授和堪萨斯大学的张嘉琨教授发现，中美贸易摩擦并没有促使大量美国企业离开中国市场。而从 2020 年流入中国的外国直接投资创纪录的行为表明，两国之间的生意仍然"深度融合"。他们写道："只有政客和'专家'们将脱钩看得比事实更为重要。几乎没有发现任何证据表明美国（的跨国公司）因为爱国而在大国竞争中放弃中国。"

**全新的全球秩序正在出现**

在特朗普政府对中国采取一系列制裁措施之前，大多数人都会认为人类正在进入一个由互联网、人工智能和先进网络技术所共同搭建的万物互联时代。世界各国、多边机构、企业和个人也都普遍认为这是未来发展的趋势。

然而，随着特朗普政府对中国不断采取的贸易、经济、科技和企业层面上的措施，以及随后暴发的新冠肺炎疫情，这一局面发生了极大转变。令世界两个超级大国之间的差异越发明显。在这一背景下，不同行业采取了截然不同的方式应对。

尽管美国限制华为参与其国内 5G 通信网络的建设，但美国科技公司仍然可以与华为开展有关制定国际 5G 标准的合作。

对于半导体行业而言，因其所需的巨大资源投入和不确定性，在过去 30 年间，它的发展是基于全球分工所构建的，但现在正在受到各个国家政策的影响和制约，以致其全球格局正在产生巨大的变化。中美两国都在努力提高自己在半导体价值链中的竞争力，因此，如中国台湾地区的台积电和韩国的三星等主要厂商均开始在传统区域以外建造新的工厂。由于全球格局的快速变化，关键零部件生产商亦在开发新的应对策略。

对于有跨国业务的汽车厂商而言，随着中美两国在建设智能基础设施的速度、强度和复杂程度方面有所不同，"一个世界，两个系统（一个以中国为中心，一个以美国为中心）"的新全球秩序正在产生，对愈来愈多配备自动驾驶功能的智能互联车辆的设计和商业模式产生愈来愈大的影响。

## 全球化本质发生重大变化

一些行业在某种程度上，在这一背景下，其全球化可能还会更加深入。以农业和食品行业为例，随着中国的中等收入群体规模不断壮大，人们对于食物的营养要求愈来愈多并且愈来愈高，而其中部分需求必须通过国外（全球）采购来满足。

全球化在过去 30 年极大地重塑了世界，同时其基本性质也正在发生重大的变化。

约 30 年前开始的全球化时代（全球化 1.0），西方国家是主要的需求中心，而中国则是许多产品的主要供应方。尽管这一趋势在全球化的下一阶段（全球化 2.0）仍在继续，但中国迅速增长的中等收入群体和不断提升的商业能力，将会使自身成为新的需求中心。

中国正在形成以需求牵引供给、供给创造需求、国际国内互促的"双循环"发展的新格局。这也符合其新的经济政策导向。《区域全面经济伙伴关系协定》将促进区域贸易，也会进一步扩大中国名义上的"内循环"经济。

同时，一部分制造业在某种程度上亦有很大可能回流到美国（或直接在美国建立工厂），某些产品的供应链相当程度的区域化或本地化也有可能发生。

**中美之间不存在简单的"脱钩"**

那么，中美之间会发生"脱钩"吗？

如果美国继续对一些中国科技公司实施制裁，那么某种程度的"脱钩"就会继续发生。

数据安全越来越被视为国家安全的一部分。因此，美国和中国会要求在各自司法管辖区运营的企业遵守其相关法规，那么，数据存储和使用方面会出现一定程度的"脱钩"。此外，两国的数字基建的强度和复杂程度将会形成较大的差异，这意味着企业将不得不在中美两地采取不同的数据策略。

然而，世界正在进入一个新的全球化时代，美国和中国将在其中发挥极为关键的作用。这将导致中美会在特定情况下合作，但在另外一些特定情况下展开竞争。

随着人类寻求更多的互联互通，"脱钩"并不符合这一趋势。事实上，在很多方面，中美从来就没有真正地脱过钩，所以没有任何"再挂钩"的必要。

在某些特定领域确实发生了"脱钩"或部分"脱钩"，正如戴琪女士所言，也许现在是"再挂钩"的时候了。

　　在这个越发日益互联的世界中，简单的"脱钩"概念并没有太大的意义，也不会发生。放眼未来，中美两国关系将会变得更加错综复杂，两国最后能够达成双赢的合作将是最好的结局。

第二章

变局之下中国的新机会

# 一、民办教育法规改革

2021 年 7 月，中国出台对中小学生的课外教育培训行业的全面改革措施，这令一些人感到意外。7 月 24 日公布的"双减"政策，强调了减轻家庭作业负担和减少课余补习时间。

**"双减"政策出台**

新法规禁止民办教育机构通过在课余时间提供核心课程的辅导获取收益，同时禁止民办教育机构参与融资甚至上市。

除此之外，由于越来越多的儿童被迫在年纪很小的时候就开始为考试进行补习，因此法规禁止相关机构为 6 岁以下儿童开设核心科目的在线或线下课程。

新规公布之后的几天，在美股、中国 A 股和港股上市的所有中国民办教育企业股价均出现不同程度的下跌。中国教育行业指数在 7 月 26 日下跌高达 14%。当天，在港股上市的新东方与思考乐分别下跌 40.6% 和 28.5%，在美股上市的高途和好未来同时下跌了约 50%。

**多项重要措施具有深远意义**

对教育行业的改革，是中国政府继处理滴滴事件后的另外一个重大举措。滴滴出行作为领先的汽车出行服务公司，2021 年年中在纽约交易所上市，但是因为涉及数据安全问题，受到中国监管机构的审查——于 2022 年 6 月在纽约交易所退市。

几乎是在同一时间，监管机构出于反垄断的考虑，禁止了国内两家领先游戏公司的并购提议，其中一家是互联网巨头腾讯的子公司。食品外卖的最大应用平台美团也被要求为外卖送货人员缴纳社会保险。

此前，中国监管机构因为蚂蚁集团商业模式的问题而阻止了蚂蚁集团的上市，同时阿里巴巴、美团和零售商苏宁均因垄断行为被罚款。

此外，中国政府还采取了一系列其他措施。这些措施包括放宽户籍、消除贫困、放宽生育限制，以及进一步开放外国公司进入中国市场的准入条件——特别是开放金融服务业等领域的准入条件。

中国禁止校外培训的这一举措是减轻学生负担的关键一步，这一举措同时也将降低中国孩子的抚养成本。中国夫妻不愿生育更多孩子的其中一个原因，是现实之中抚养孩子的成本过高。随着时间的推移，生育意愿降低也会导致中国人口结构的倾斜与恶化。

这些政策措施的真正含义是什么？外国和本地投资者以及其他相关人士应该如何解读这些政策变化？这一系列的政策变化是

偶然事件，还是有更加重要的意义？

## 多方面全方位发展"以史为鉴，开创未来"

除了上述一系列重大政策以外，中国政府还公布了"十四五"规划，其中科技创新受到重点关注。虽然在过去十多年里，科技创新也一直是中国发展的重中之重，但美国政府近几年对中国在核心技术上的制裁，加快了中国科技创新的速度。

最重要的是，中美贸易摩擦和新冠肺炎疫情的暴发，使得中国在应对挑战时需要做出重大的调整，中国政府也从这些经验中增强了对自身治理的信心。

这些举措都是中国在探索具有中国特色的现代化道路的过程中进行的。习近平总书记在庆祝中国共产党成立一百周年的讲话上曾 9 次提到"以史为鉴，开创未来"，这是中国如何探索属于自己的现代化的一个缩影。在此基础上，"举国体制"发挥着重要作用。

中国奉行社会主义原则，但同时拥抱市场经济的活力。以"中华民族伟大复兴"为主要理念，但同时亦倡导"人类命运共同体"的价值观。

在这一大背景之中，中国将继续以包容的方式向前发展，在这个过程中伴随进行着各式各样的试验，并在社会、经济和政治领域不断进步。

在改善中国人民福祉和促进全世界福祉方面，中国的角色正变得日益重要，这在很大程度上归功于中国领导人在重要问题上采取了果断的举措。

### 政府促进集体利益，奠定未来增长基础

在这次"双减"事件中，当然受影响的公司与投资者会不喜欢这些举措，但作为受益者的中国民众总体上持支持态度。在寻求其所设想的现代化的过程中，中国政府正努力促进集体利益最大化，同时允许个人继续追求经济富足。换句话说，这是对"共同富裕"的追求。它的核心是一种以降低人民生活成本为目的的体制化举措，其中包括降低生育、抚养、教育子女和住房等环节在内的费用。

这些措施将为未来的中国经济增长奠定更坚实的基础。展望未来，机遇将来自硬科技、制造业、生命科学、新能源、可持续发展、农业等领域。

这些领域将涌现大量的初创企业，许多投资者将从中受益，选择正确的赛道将是投资成功的关键。从投资的角度来看，这种短期的动荡将重新定义长期增长的基础。

随着中国继续探索具有中国特色的现代化道路，世界其他国家也将越来越多地感受到中国的影响力。同时人们也需要加深对中国做法的理解，以及思考它将如何影响全世界。

## 二、疫情之下中国商业格局的改变

疫情之下暴露出一些长期存在的社会问题。展望未来，新的机会有可能伴随而生，而中国政府也将更加关心如何完善社会公共政策。

新冠肺炎疫情带来的危机正在几个方面重塑中国，因此中国的治理体系也会有较大的调整，并将变得更加透明与更加具有责任感。自改革开放以来，中国社会通过不断实践和调整发展出了一套独特的"三层模式"，让中国的经济能够长期持续增长。在顶层，中央政府负责制定国家的发展纲领，统筹全域。在基层，有着大批快速成长且充满活力的创业队伍，尤其一些民营企业家，是中国十多年来商业创新的主要推动者。在中间的则是各个地方政府，有些组成区域集群，它们在连接上下两层的同时，彼此之间相互竞争或合作，助推当地经济发展。

在过去的数十年中，这种发展模式为中国创造了巨大的经济效益。然而随着本次疫情的发展，我们也看到了一些不足之处。如习近平总书记在一次讲话中提到，这次新冠肺炎疫情防控是对政府治理体系和能力的一次大考，应加快补齐短板和弱项。

## 国有企业和民营企业将更加紧密地合作

在可见的未来，中央及省、市、县、乡各级地方政府将会投入更多的精力和资源来强化社会治理，中国各个城市也将加速向智能化与万物互联等方面发展。同时，通过发挥双方的协同效应，国有企业和民营企业将更加紧密地合作，利用各自的优势创造价值。

我认为在疫情之后，中国的商业格局将会在以下几个方面带来变化和机会。

1. 政府将在全国范围内加大投入，为公众创造一个更安全、更健康的生活环境。

2. 在公共卫生领域，早发现、早预防、早诊断和更有效的治疗将成为政府关注的焦点，而更加全面的公共卫生管理体系也将因此得到发展。

3. 更多的PPP：企业与政府部门之间的协作能够创建更多的解决方案，来推动未来公共议程的发展。

4. 物联网、人工智能、5G和区块链等颠覆性技术将持续推进高效连接的智慧化社会的发展。

5. 数字化与大数据在公共管理方面的应用将被更大幅度地提高。

6. 新的社会沟通方式将会加速涌现。尽管人与人之间的沟通仍是主流，但是其他交互形式，如人机交互、机间交互将在未来获得指数级的增长。

7. 在过去十几年中，通过不断茁壮成长的企业家精神，中国的创新能力一直连续上升，疫情之后，"双创"（创新和创业）仍将进一步加速解决在此次疫情期间暴露出的各类社会痛点问题。

一些公共项目将以 PPP 的形式出现，也会催生更多的商业机会。民营企业将会与政府建立更深层次的合作，以建立新一代的智慧城市。这般复杂的工程需要政府、企业与各类机构基于大量数据的高效合作才能实施与完成。

**疫情之下涌现的新机遇**

此次贸易摩擦与疫情的暴发，一定程度上影响到了中国的经济发展，但疫情在全球范围的广泛传播使得中国经济受影响程度发生了变化。2020 年 4 月 1 日，时任重庆市市长黄奇帆表示，因中国在疫情控制上所取得的成就，正在让世界产业链的中心向中国市场转移。同时，世界各国为抗疫和恢复生产所做的努力，客观上使得各种资源涌向中国市场。

中国社会的经济格局也在发生变化。消费方式正在快速地从线下转向线上。在疫情过去之后，新的商业模式将随着交互模式的变化而产生，尤其是大健康、物流、自动化、线上办公、娱乐、零售、教育和社交媒体等领域将会因此得到新的发展。同时，一些具体行业亦将得到进一步的发展。2020年2月4日，发改委等部门发布的《智能汽车创新发展战略》着重强调了未来汽车行业与新基建的结合，将汽车逐渐转变为智能移动空间和应用终端，成为新兴业态的载体。2020年3月4日，中央提出，将加快5G、特高压、城际高速铁路和城际轨道交通、新能源汽车充电桩、大数据中心、人工智能、工业互联网、物联网等领域新型数字基础设施建设进度。新基建突显了中国政府对新兴技术的重视，亦将进一步改变中国的经济格局。

这次疫情暴露出不少问题，但亦带来了新的机遇。在短期内，从制造业、供应链和消费者需求的角度来看，这场疫情将为在中国营运及与中国企业有合作关系的企业增加更多的不确定性。从中长期来看，中国需要更加重视公共管理，大幅完善公共管理体系。这种调整将为政府、国有企业、民营企业，以及港澳台地区的企业和其他外资企业更广泛的协同合作提供机会。新消费模式、技术的进步以及商业创新随之而来，将进一步改变中国的商业格局。

当然，疫情后全球秩序将会出现较大的变化，全球化发展方向亦很有可能会与过去不一样。作为全球经济和贸易之中的重要一员，中国的商业格局也受到各种外来力量的影响。

# 三、两面看中国企业家精神

在中国改革开放初期，尽管下海经商的生意人不少，但严格来讲，能称得上"企业家"的商人却寥寥可数。不少的营商者都是得过且过，更有一部分人缺乏诚信，为了利润铤而走险。另一方面，外界环境的不确定性也对一些企业家造成了不小的压力，一部分人甚至蒙受了个人财产的损失。但在这种复杂的形势下，中国仍然不断孕育出一批又一批的企业家。无论他们是主动还是被动地迎接各种挑战，仍有一批企业和企业家脱颖而出。而在商业世界之中，企业家精神的精髓其实就是要在不理想的情况下寻找和创造理想。

2020 年 4 月 2 日，瑞幸咖啡发布公告，自查发现公司存在财务造假——2019 年第二季度至第四季度，瑞幸的总销售额夸大约 22 亿元人民币。随后股价应声暴跌，当天瑞幸的股价暴跌逾 75%，收于每股 6.4 美元。在过去几年，亦有不少中国企业被发现作假。2018 年 3 月底，生态环境部检查发现先河环保公司联合临汾市政府人员造假空气质量数据，随后其股价连续两日跌停。2017 年 11 月，长春长生生物科技公司和武汉生物制品研究所公司生产的共计 65 万余支百白破疫苗被指出效价指标不符合标准规定，被立即停止使用。长春长生生物科技公司后于

2019 年 11 月 27 日被深交所摘牌退市。这些负面事件不只是个别案例，某些企业家的不正当行为影响到的是社会整体，特别是影响到了投资者和顾客对中国企业家的信心。

## 中国企业家的自发精神

然而，在 2020 年年初的疫情中，中国企业家的自发精神和行动却令人动容。楚商联合会会长、泰康保险集团董事长陈东升累计捐赠款物 7800 万元人民币，并为全国共计 396 万一线医疗防护人员等相关人士捐赠保险，总保额超过 12 亿元人民币，其旗下耗资 40 亿元人民币兴建的武汉泰康同济医院亦成为抗疫的主力。楚商联合会执行会长、卓尔控股董事长阎志也捐款上亿元人民币，主要用于采购一线医疗机构急需的医疗防护物资；他更是倾尽全力建设 10 座方舱医院，提供近万个床位。中国人的乡土情结特别浓厚，疫情中援助湖北，特别是武汉，突显了楚商的担当。

除了心系家乡的楚商（其中包括不少武汉大学校友），马云、马化腾、任正非、郭广昌、李东生和众多企业家们也相继做出贡献。阿里巴巴旗下的钉钉在短短 40 个小时内为企业提供员工健康打卡产品，并免费开放了 300 人同时在线的视频会议功能，为钉钉平台上 2 亿上班族的远程工作提供了保障。腾讯也在为社会提供便利，免费提供了一份包含企业微信和腾讯微云等软件的"远程办公工具包"。除了对中国本土做出贡献，企业家们亦心系海外，马云和郭广昌等为世界各国捐助了口罩和其他医疗物资。

在政府、国企、民企的齐心协力和无间合作下，火神山、雷神山两家医院在极短的时间之内竣工。武汉市政府调动 7000 多位工作人员与大量物资储备，其中有中建三局、国家电网、中粮集团等国企的通力合作，亦有猎户星空、华为、顺丰等民企的大力支持。

### 新的商业机会涌现

社会普遍期望在疫情之后，政府在全国范围内加大投入，创造一个更安全、更健康的生活环境。更多的 PPP 将出现，来提供更多的解决方案，建设新一代的智慧城市，助力推动未来公共议程的发展。新的商业机会亦将涌现，尤其是在大健康、物流、自动化、线上办公、娱乐、零售、教育和社交媒体等行业。同时，传统的由线下驱动的商业将开始向线上转移，如一些商业模式将从线下发展为"线下 + 线上"融合（Online-Merge-Offline，OMO）。这些新机会将为中国许多企业和企业家们提供新的发展和创新的机遇。

中国企业家精神的发展与蜕变，可以总结为四个方面的特征：企业家对改革开放大时代的感恩，企业家对市场发展环境的不断适应，企业家孜孜不倦的学习精神和企业家精神的提升。

**无私的奉献精神**

德龙钢铁董事局主席丁立国曾说，企业家精神的升级简单来说就是由"大我"到"小我"再到"无我"。"大我"型企业家出于生存角度考虑，首先看重的是自己的利益。而"小我"型企业家在生存之外亦心系如何服务社会，更好地承担社会责任。"无我"型的企业家已不考虑利润，而是思考如何贡献资源使大家都可以不断进步，这是一种无私的奉献精神。

在改革开放初期，刚下海经商的生意人基本都是"大我"的。直到今天，仍有不少企业家依然处于"大我"的阶段，但一小部分企业家已经进入"小我"的阶段。从这次疫情看，一部分优秀的企业家逐渐进入了"无我"的境界，这说明企业家精神和它所展示的价值观与追求正在提升和蜕变。

在改革开放40多年后，中国民营企业已经积累了许多财富与经验。在享受了这些红利之余，仍然有一部分人铤而走险，企图通过走捷径来实现自己的目标。但另一部分人却在不断思考和实践，在各方面进行自我提升。

中国企业家精神的演变是一个还在不断进化的真实故事。它的正反两面不断调整、不断变化。展望未来，这种调整仍将继续。

# 四、中国企业家应有的反思

企业领导者必须对未来可能发生的场景进行深刻的思考和判断。2020 年以来，世界上发生的大事改变着整个世界的发展进程，中国也不能独善其身。疫情后的全球新秩序仍然扑朔迷离，大家都知道它会很不一样，却不知道它会以怎样的形式出现。

对企业来说，这样的巨大拐点可以带来巨大的危机，但也可能带来巨大的发展机会。企业领导者所做的决定将会影响企业未来若干年的发展。新冠肺炎疫情给企业领导者带来的一个最大的启示就是：没有企业可以独立于现实世界之外。全球的发展变化显示，经济规律之外的因素带来的影响是不以个人意志为转移的。

企业领导者今天面对的是一个快速变化、模棱两可与动荡不安的世界。当然，他首先要确保企业能够运作下去，确保现金流的稳定。但同时，企业领导者必须有足够的战略思考能力，对未来可能出现的场景做出判断，继而领导企业走正确的路线。

## 企业的"动态"思考

在当下和疫情结束后，纯粹依赖过往经验对未来做出线性、单维判断的思维是行不通的。今天的企业领导者，必须进入一种非线性、多维的思考方式才能应付目前的挑战，即以"动态"思考代替"静态"思考。我提到的"动态"有几层含义。第一，没有任何竞争优势是永恒的，所有竞争优势都是短暂的。第二，企业战略考虑的是在机会与能力之间的取舍，而在进行取舍之外，企业业务的边界是可移动的，有时扩大，有时停在某一点，有时收缩。第三，在进行战略抉择时，能力的匹配是关键。一部分能力可通过自身建立，另一部分能力可通过与第三者们建立"生态系统"来达到。适时和适量的变革是必需的。

上述对企业的战略、能力建设和组织变革预测的大前提，来源于对未来世界和中国格局的一种判断。这种判断应具有通用性，但也会因具体行业不同而具有差异性。举例来说，不少人指出中国与西方之间可能会"脱钩"或起码会发展出两种秩序。这在科技含量较高、与国家政策息息相关、与当地基建特别是数字基建相关的行业中较容易产生。汽车行业就是具有代表性的行业。汽车行业正在经历着智能、连接、新能源和自动驾驶等多方面的巨大改变。而中国在这些方面的发展在很大程度上与美国和其他发达国家的路径和速度不同，这导致汽车生产商必须考虑设计两套系统来应付两个不同的市场。但在快消、零售、餐饮等行业，这种情况就不会出现。

尽管有疫情和美国本土保护思想抬头等因素的影响，今天美国杰出的企业，本质上仍然是全球化的支持者——因为它们之中的大多数都是全球化的既得利益者。但是随着中国多年的高速发展，这些企业家感觉自己有点跟不上变化。以前直接从美国将产品或商业模式带到中国就能行得通的日子渐行渐远。他们的心态也在逐步调整，实现从"西方到中国"—"中国到中国"—"中国到全世界"三个阶段的过渡。中国杰出的企业中有很多也是全球化的既得利益者，但它们的起步比美国同类企业晚得多。它们之中能称得上是真正的跨国公司的极少，小部分是多国经营公司，大部分仍处在"走出去"的阶段。国际局势迅速改变，中国企业在海外的发展并不是一帆风顺。每家企业都需要从长计议，小心慎重地考虑自身发展战略。当然，本土市场仍然是绝大多数中国企业的竞争之地。随着疫情带来的动荡和市场竞争的激烈程度加大，中国企业必须使出浑身解数，制定能带来价值和持续发展的战略。因此，创新往往是最重要的一环，不少中国企业对创新非常重视。

中国企业良莠不齐，其中大部分企业是凭借聪明才智和努力取胜的，也有一些企业却是靠走捷径来获利的，更有一部分企业习惯了享受过去发展带来的红利，看不到新的拐点，也因此失去了不少机会，甚至被后来者赶上从而被淘汰。相对于西方市场经济两百多年的发展历程，中国的改革开放只用了短短的几十年就有了现在的结果。在历史长河中，这是一段非常短暂的时期。但此时期中也出现了为数不少的企业家。只是因为历史积累相对薄弱和其他综合性因素限制，不少看起来有点成就的企业家，事实上对企业家精神和它代表的价值观的认知还比较有限。不少表面功成名就的企业家，实际上在修养和世界观方面仍然乏善可陈。

## 全球新秩序下的跨国公司

中国企业希望在国际上逐步成为真正意义上的跨国公司。要做到这一点，企业领导者必须有全球视野，而不仅仅是从中国去看全世界。首先，领导者要对全球不同国家和地区的不同法规、制度、人文环境与文化都有足够的包容性，能够根据每个地区人才的相对优势建立全球范围内最优的能力和资源网络平台。其次，领导者要将企业的目标放在利益相关者利益的最大化上，而不仅仅是放在股东利益最大化上。

展望未来，跨国企业必须更积极地扮演有全球建设性的角色。在国际关系迅速变化的现实面前，优秀的跨国公司更应将企业的利益提升到正面参与全球治理的层面。在这方面，走在前沿的中国企业，有潜力、有责任和有义务去履行这项任务。

要在这些方面得到提升，中国企业的领导者必须加强对自己和企业整体的修炼，建立学习型组织，通过修炼打破企业坏的潜意识，使企业时刻都可以在清晰的意识下运作。对于企业家乃至每个个体，在今天和未来的世界中，要做到人生有点意义就必须做到两点：知识的积累和不断更新，批判式思考问题和解决问题的能力。

# 五、新冠肺炎疫情加速中国机器人与自动化行业发展

随着中国经济逐步复苏，中国将着力解决此前长期存在并因疫情而加剧的社会难题。疫情虽然给企业带来了诸多挑战，但也带来了新的商业机会。

为解决劳动力短缺问题并减少人员接触，机器人与自动化产业将迎来新的发展，尤其在制造业与自动驾驶等领域。随着自动化被融入企业的商业模式，未来将出现更多的人机交互与机间交互场景。

### 驱动自动化加速发展

首先，中国政府及其政策扮演核心角色。疫情使政府越发意识到高效公共管理的重要性，尤其在保障民众健康、安全方面。2020 年 3 月 4 日，中共中央政治局召开会议提出，要加大新基建投资力度。此次投入力度之大前所未有，这反映出政府对公共管理的重视。新基建将成为中国下一代智慧城市的基石，而自动化会在其中扮演重要角色，来推动智能制造及智能出行领域的发展。

其次，新基建计划之中提到的技术与相关产业，诸如 5G 基建、人工智能、大数据中心及工业互联网，都将助力推动机器人

与自动化产业的发展，为企业实现创新与转型创造新机会、打开新领域。

最后，消费者的选择与企业需求的变化亦在加速。随着消费者不断从线下向线上转移，人与人的接触逐渐减少。例如在疫情之下，食品配送企业，如京东生鲜等的使用量暴涨。同时，疫情的蔓延阻碍员工复工复产，影响全球供应链，企业更迫切期望提升供应链的灵活性并减少对人力生产的依赖，而自动化则是实现这个目标的关键。

**未来智能制造的构想**

受疫情影响，众多传统制造商对于数字化转型的态度发生转变。疫情期间，大部分地区施行封锁管制，依赖人力生产的制造商因人力匮乏而无法复产。所以危机过后，它们将更积极地拥抱自动化，加速数字化转型。

展望未来，自动化将成为制造商数字化的基石，并助力供应链数字化管理与生产最优化，制造业的新趋势也在浮现。同时，疫情使消费者的网购习惯日渐增强，企业也拥有更多数据资料指引其产品设计、生产规划与供应链管理——其生产的灵活性与韧性将达到前所未有的高度。而制造商的下一步是实现"共用制造"。在制造商将生产线自动化，并利用工业互联网管理生产过程的基础上，加入一个潜在的生态系统——各类智能制造资源，包括生产工具与装备、物流，甚至设施都可以在制造商之间共用，提高整个制造业的效率。

领先的企业正积极地投资未来。电器制造商海尔基于其最新的 5G、工业互联网与大数据技术，搭建了卡奥斯平台（COSMO Plat）。通过对工厂流程与供应链（包括设计、采购、制造、物流及其他领域）进行数字整合，卡奥斯平台引领变革，建立开放、多边、交互创造的共用平台，助力实现生态内跨行业、跨领域的合作。

在众多引领变革、投资未来制造业的玩家中，海尔只是其中一个。中国有大量勇于竞争、不断反复推演自己商业模式的企业家。在这个智慧游戏中，不仅制造业中现有玩家会受益，软硬件、演算法和其他相关领域的玩家都可以参与，以实现"共用制造"的目标。

**自动驾驶汽车的下个飞跃**

疫情也为企业提供了试验自动驾驶技术的新机会，尤其在货物运输方面。外卖需求在中国疫情高峰期呈指数级增长，而企业人力短缺，难以满足巨大需求。自动驾驶则降低了外卖对人工的依赖与人员在配送中的人际接触，所以其优势也随之显现。

国内的主流电商已对无人配送进行试验。2020 年 2 月，美团首次在北京公共道路上试用自动驾驶技术，京东与饿了么在此期间也测试了自动驾驶配送。未来，多个自动货物运输生态系统将涌现，每一个都可能由阿里巴巴与京东等玩家精心打造而成。这些企业有能力在城市层面进行技术协调，将自动驾驶更好地融入下一代智慧城市建设中。

中国自动货物运输商业化预计会在未来两年内进一步普及。随着技术的商业化，国内企业将继续开展试验，而配套领域也需要相应发展，辅助商业化进程。自动驾驶的生产、销售及运营需要制定相匹配的规范，中国亦需进一步鼓励创新，包括充电设备、车辆停放区域、车联网在内的关键技术，以及基础建设部署。其中，政府对半导体芯片这一类关键硬件的支持尤其重要，在这方面中国仍然落后。

自动驾驶技术在载人方面的应用，亦将为疫情带来的公共交通风险迎来机遇而加速发展。目前中国有七个城市正在试点自动驾驶出租车载客。小马智行在北京、上海、广州、美国加州等多地提供自动驾驶出租车服务，已经实现超 800 万公里路测里程。整车企业上汽集团旗下的享道出行，于 2020 年年底在上海正式投入运营，小鹏汽车也计划于 2022 年下半年开始探索自动驾驶出租车业务。出行巨头滴滴出行计划，到 2030 年运行 100 万辆自动驾驶出租车。

**商业启示**

智能制造与自动驾驶仅仅是中国众多不断变化的商业领域中

的两项。身处变化迅速的商业形势之中，现有参与者和新兴参与者正在激烈竞争，以博得一席之地。海尔、美团、京东等企业在各自的领域不断引领创新。制造业与配送业玩家正在加速推进自动化进程，而一些基于软件演算法的企业或是具有新兴商业模式的玩家，也在通过不断试验寻找更有效的变现途径。诚然，所有参与者都需要在核心业务外培养新的能力，并将自身行动与对外合作相结合，走一条更宽的路。

中国公共设施建设也将以政府和社会资本合作的形式为企业带来更多的机会。对地方政府来说，这类公共设施建设对执行中央政府的决策十分重要，同时，它们也需要来自民营企业的补充。各领域的参与者也需要理解它们在新基建和下一代智慧城市中的角色。

对于制造业和自动驾驶领域的企业，无论是外资，还是内资，中国将是下一代自动化商业蓝图中一块重要的版图。衡量自己在中国的定位，对这些企业未来的发展而言至关重要。

# 六、中国打造新一代以人为本的智慧城市

新冠肺炎疫情使得中国的发展以及与世界其他国家的交往方式出现一个拐点。中国经济于疫情开始的前三个月开始低迷，随后崛起、复苏。2020 年第二季度，中国经济 GDP 同比增长

3.2%。疫情中消费者纷纷由线下转向线上，消费者需求模式也发生了巨大的转变。据统计，工作效率类 APP（应用程序）新增用户超 3.08 亿人次，线上教育领域也经历了前所未有的增长。

不过，疫情亦引发了关于中国以经济增长为主导的发展模式下社会问题的思考。2020 年 6 月 2 日，习近平总书记在专家学者座谈会上强调，人民安全是国家安全的基石，政府召集卫生领域专家全面改革疾病防控、应急响应、政府问责、医疗保健研究及教育等体系。显然，政府也在重点完善国家整体的公共管理。

在这场全国的公共卫生改革中，"新一代智慧城市"的角色十分重要。政府与企业将利用 5G、物联网、大数据、人工智能与区块链等先进技术进行决策，优化城市治理。自从 2012 年第一批智慧城市试点项目启动以来，全国数以百计的城市已开展智慧城市试点，但对于这些措施在多大程度上帮助抑制此次疫情暴发这一点仍有争论。因此新一代的智慧城市不仅要覆盖一些特定的垂直领域，亦将囊括公共卫生在内的更多领域，向以人为本的目标演化，而非简单地以科技为本，中国需要用可持续的模式解决公共议题。

### 中国智慧城市的演化

在智慧城市的发展上，中国已经走了一段不算短的路程。时至今日，中国智慧城市的发展历经三个阶段。自 2010 年到

2013 年，智慧城市的概念在政府与企业中成形，它主要以核心数字化技术的工业应用为特点，这些技术包括无线通信、GPS 和光纤宽带。在此期间，IBM 与甲骨文（Oracle）等海外软件系统集成商主导着市场。

2013 年至 2016 年，2G/3G/4G 的信息通信技术、射频识别以及云计算这几项技术在智慧城市中得到广泛运用。设备供应商与集成商蓬勃发展，政府与社会资本的合作现象在全国浮现。地方政府与国企、私企及外企加强合作，陆续交付智慧城市项目。

2016 年之后的几年，新一代的智慧城市大多由 5G、人工智能、云计算、大数据与区块链等先进技术驱动。公私部门的合作在以政府主导、市场为核心的政府与社会资本合作下得以强化；互联网公司还有电信服务提供商与集成商形成了新的商业生态。

### 走向以人为本的智慧城市

新一代的智慧城市应该是什么样子？简而言之，它将更加以人为本，为提升居民生活质量服务。我预测这一转变将因政府宣布"新基建"而到来。新基建包含三大方面：一是包括 5G、物联网在内的信息基础设施；二是融合基础设施，诸如智慧交通与智慧能源；三是支持研发的创新基础设施。在新基建的框架下，这些先进技术的商业化将极大地扩展，政府当局将在公共卫生及安全领域进一步推动政府与社会资本合作。整个生态系统之中的各种机构将一起入局参与。

运作一个以人为本的智慧城市，将基于一个四层模型。最底层是"感知层"，它代表基建中的感知系统，它由数据采集设备组成，诸如智能传感器、摄像头及可穿戴设备。再上一层是"网络层"，包括物联网、移动网络以及固定宽带，它用来驱动数据传输。"网络层"之上是"平台层"，它利用人工智能与云计算等技术进行决策。最顶端是"应用层"，它基于感知、网络层与平台层，完全地将智能决策应用到政府事务、公共服务以及工业发展上。

未来城市将持续由新兴科技赋能，这些技术不管在今天还是在将来，都已经或即将在各领域的创新平台上得到应用。其应用领域涵盖监管、执法、供应链、自动驾驶、线上金融、教育、医疗保健、行政与社区生活。

## 从智慧城市到智慧城市群

除了以城市为单位的城市规划之外，中央亦同时进行着区域城市集群的设计和实施。最令人瞩目的集群包括长三角区域、粤港澳大湾区与京津冀地区等。每个区域都有它独特的优势和发展目标，但同时其亦需克服不同城市之间原来存在的一些差异。在新一代智慧城市的理念出现之前，每个城市事实上在这些区域合作方面，都已经开始加强互相的协调了。新一代智慧城市的概念出现之后，将进一步激发这些区域内的城市加强各方面合作的动力，例如确立相关的标准、行为模式和发展方针。

香港特别行政区在大湾区发展中扮演着重要角色，而公共卫生亦是香港特别行政区的重要议题。近期香港与深圳等内地其他省市在控制新冠肺炎疫情方面有所合作。将来，香港可以在大湾区整体规划中发挥更加重要的角色，新一代智慧城市本身也可以是有效的平台。

## 七、后疫情时代中国大健康产业将如何发展

当前公共健康问题得到了社会各界和各地政府的广泛关注，大健康产业作为与疫情直接相关的产业，在政策与科技的持续推动下得到高速发展。

### 政策引导

疫情中暴露出来的公共卫生防控和救治方面的短板，极大地刺激了政府在该领域的投入。中国国家发展和改革委员会社会司司长欧晓理透露，2020 年中央预算内投资用于公共卫生相关项目建设的投资总量是 2019 年的 2 倍，并且未来一段时间将重点加强相关医疗卫生机构建设。

在医疗制度层面，中国的分级诊疗体系尚在发展初期，医疗资源与诊断需求存在倒置的问题。在此次疫情中也暴露出诊疗资源不平衡导致的应急救援能力不足的问题，因此政府和相关部门正积极推动将分级诊疗过程嵌入整个社会治理体系之中。

### 科技加速融合创新

在全球应对疫情的过程中，我们也观察到科技对大健康领域产生的巨大的促进作用。人工智能、大数据、云计算等新技术在医疗领域的融合创新应用正在加速地进行。

在疫情防控中，从导诊、手术到医疗物资运输各个环节，机器人能有效地减轻从业人员的负担，并帮助人们减少感染风险的概率，助力"无接触"诊疗。例如，智能导诊机器人能够为患者提供指路、预检分诊等服务；医疗物资运输机器人运用先进传感与路线规划技术，在医院内运输医疗物资，平均可承担 2—4 人的人力运输任务；远程测温、消毒机器人在相关领域也发挥了巨大的作用。

云计算和大数据则可以显著提升医疗体条中的信息存储和分析能力。其主要应用场景体现在信息共享平台、医院电子病历与药物研发方面。例如，搭建疫情信息发布平台，提供疫情通报、防控动态、诊疗指南等信息，充分掌握返乡人员相关数据，帮助有关部门全方位了解人员信息结构。在药物研发方面，在药品和疫苗研发期间，云计算为需要大量数据分析的工作提供稳定高效的算力支持。

目前中国 5G 技术已经领跑全球，5G 的规模化商用一触即发。截至 2022 年 4 月底，中国已建成全球规模最大的 5G 网络，累计开通 5G 基站 161.5 万个，占全球 5G 基站的 60% 以上，登录 5G 网络的用户已经达到 4.5 亿人次，占全球 5G 登网用户的 70% 以上。同时中央经济会议中明确指出加快 5G 商用步伐，力争 2025 年 5G 用户占整体移动用户的 47%。5G 网络延迟低、带宽大和速度快的特点将优化甚至突破现阶段不成熟的远程医疗技术。不同于 4G 时代局限于图文或者视频的问诊，5G 时代的问诊将融合 VR/AR 等技术做到视觉与触觉的全方位提升，并通过远程操作医疗器械为边远地区实时完成手术。尽管该技术还在发展的初期，其未来却有无限的可能。

### 大健康产业迎来新趋势

首先，未来大健康领域将着重提升医疗供给与物资战略储备，优化高端医疗设备配置。目前中国部分高端医疗器械如 CT 机、超声波仪器等进口比例达 80% 以上，而在《中国制造 2025》规划中，工信部早已提出 2025 年县级医院国产中高端医疗器械占有率达 70% 的发展目标。此次疫情中暴露的高端医疗器械国产化率低、自主应急保障能力不足等问题，将会进一步加快优化高端医疗设备的进程。

其次，大健康领域的数字化与智能化进程正在受到疫情影响而大大加速。医疗行业数字化转型投入规模在 2016 年至 2019 年以每年 10.6% 的年复合增长率增长。医院内部，医院管理信息系统的应用高达 72%，电子病历系统也高达 62%。

最后，互联网医疗的发展，尤其是互联网诊疗平台在本次疫情中迎来了爆发式增长。2020 年春节期间，在互联网诊疗方面领先的平台丁香园日均活跃用户量较 2019 年同期增长 222.2%；叮当快药日活跃用户量较 2019 年同期增长 952.6%；平安好医生新注册用户量较 2019 年同期增长 1000%；而平台新增用户日平均问诊量较 2019 年同期增长 900%。在本次疫情中公立医院亦为民众提供了在线医疗服务，目前已有超过 240 家公立医院在微信等互联网平台提供问诊、防疫信息宣传等相关服务。

大健康产业供应链将成为未来行业竞争的主战场之一，而中国既具备不可轻易替代的优势，也将面临挑战。例如，在成本方面，中国市场规模大且接近用户，处于优势地位。在质量方面，中国的制造业和发展能力在经过数十年的发展后已难以被取代。在响应性方面，中国多年建立的供应链集群可以确保内部的高效协作和科技与创新的发展。当然，一部分国家的企业从风险管理角度考虑医疗用品的生产，亦会将一部分供应链置于中国以外的地区。

### 对企业的启示

在政策、需求、供给和科技等各因素的驱动下，中国的大健康行业正处于井喷式发展的临界点。对于企业和资本来说，这个临界点带来了不少挑战。在需求端，将会看到大幅的跳跃式提升和更多多样化的表现方式。在供给端，亦将看到更多的玩家进场。其中一部分是传统的大健康从业者，而另一部分将是涌现的新玩家，甚至还有一些所谓的"野蛮人"，即原来不是在大健康行业经营的公司，但看到了这个行业发展的潜力，就"跨界"进入。

在科技和资本的驱动下，企业将会各自发力，在创新方面层出不穷地创造新的竞争优势。未来的中国大健康产业将是市场逐鹿者的一大盛宴。

### 对中国香港的启示

对于人类社会而言，疫情毋庸置疑是一场危机。但正如历史总有着相似的演进步伐，危机中亦包含着大量的机遇，而大健康领域就是其中之一。展望未来，疫情催生全球产业链重构，这对国际化企业而言是危机也是一轮新的机遇。中国的政策支持显然将持续利好大健康产业发展，包括 2020 年全国"两会"中提出的"新基建"亦将赋能更多智慧医疗场景的落地，未来医疗领域会出现更多"蓝海"。

对于香港地区的企业、创业者和年轻人来说，中国内地高速的发展和随之而来的商机，将提供大量的机会。中国内地的创业家精神与世界其他地区，例如美国硅谷和 20 世纪七八十年代的香港地区的创业家精神，三者在本质上没有很大的差别。大家都有冒险、探索精神，同时普遍认为创业可以失败，但失败之后，需要有种社会氛围能够接纳失败者的再次尝试。同时，"一国两制"给予了香港地区创业者一个可操作的框架，内地的大健康领域和它衍生出来的新机会很值得香港地区企业、创业者和年轻人积极参与。

## 八、中国反垄断背后的逻辑

2021 年 1 月 31 日，国务院办公厅印发了《建设高标准市场体系行动方案》，提出推动完善平台企业垄断认定、数据收集使用管理、消费者权益保护等方面的法律规范。

在此前的 2020 年 11 月 10 日，中国市场监管总局发布了《关于平台经济领域的反垄断指南（征求意见稿）》，首次对互联网领域饱受争议的大数据杀熟等多种垄断行为做出细化，次月末，便对美团、阿里巴巴等平台公司的"二选一"等涉嫌垄断的行为立案调查。同时，阿里巴巴亦因为收购银泰，违反了《反垄断法》

被顶格处罚 50 万元人民币，而美团、拼多多等布局社区团购的公司，更是在该行业即将兴起之时，迎来了市场监管总局的"九不得"，遭遇急刹车。

相关部门对互联网企业的这些处理，社会上有不少观点：

其中一种观点是，原本创新能力极强的互联网企业，逐渐做大为平台经济，形成市场排挤效应，遏制了创新能力，损害了市场竞争秩序，其对整体经济的负面影响超过正面影响，因此招致监管注意。

同时，互联网上亦出现了许多针对企业家个人的评论，甚至有人隔空喊话："马云和马云们需要带领自己的企业大力创新，让科技普惠国人，而不是只想着花心思赚那些简单的钱。"

除了关注事件本身，多家媒体亦关注中国的营商环境。有人认为，互联网竞争是一种基于创新的动态竞争，"大"是互联网平台的天然属性，大平台也面临着多重的竞争和约束，尤其是创新带来的挑战，因此没有哪个平台能够处于"垄断"状态。

我则觉得，中国企业家精神在这样的监管框架下将继续提升与优化，而这亦是中国民营企业家在经历了较粗放的发展阶段后，进入新时代的一个信号。

### 突破边界不断成长的中国企业家

自从中国开始改革开放后，中国的企业家精神在不断发酵、演进。最初的民营企业从缺乏完善监管和法制管理开始，一代又一代的创业家在不理想的状态中，不断地摸索发展与前进，步伐很快。

当然，创业家也是良莠不齐，大部分人能凭一己之力努力奋斗成功，但不少人却是专走捷径，只希望赚快钱。对于一些人来说，在取得阶段性成就之后，他们亦继续努力争取下一阶段的成果。而也有一些人在获得一点成就后就沾沾自喜。40多年的改革开放，中国企业家群体和他们代表的民营企业，就是在这样的环境中孕育前行的。

在发展的过程中，一些企业能够成功地实现突破，但另一些企业却只能故步自封。企业能成功突破，是因为它们往往在新机会涌现之前进行跳跃。企业得以跃升的关键是什么？是机会与能力之比。这里的能力并不只是企业自身的能力，它也包含企业自建、并购或组成生态系统等隐性的能力。企业业务的边界，是企业在机会和可获取能力之间对比和博弈之后得出的结果，因此企业业务的边界从本质来讲也是动态的。

阿里巴巴就是一家多次进行连续跳跃的公司。当美国 eBay 公司来中国开拓个人间（C2C）业务时，当时的阿里还只是一家企业间（B2B）公司。但机会来临之际，阿里毅然进入 C2C 领域，与 eBay 进行激烈竞争，并最后胜出，此举奠定了它在电商界的领先地位。

当电商遇到在线支付难题的时候，阿里就开发了支付工具支付宝，开始收集大数据，并从支付宝开始进入了财富管理领域。当电商业务遇到物流瓶颈的时候，阿里就联合物流公司成立菜鸟网络，并入股了其他一些物流公司。

阿里还进入了互联网的其他领域，例如大数据（支付宝、菜鸟网络）、云计算（阿里云）、新零售（盒马鲜生）、生活服务（饿了么）、金融科技（蚂蚁金服）等。通过多次反复运算和跳跃，阿里建立起一个巨大的生态系统，并具有相当的创新能力。

雷军的小米公司也经历了连续跳跃的战略调整过程。对雷军个人来说，原来金山软件是他的核心业务，他在离开金山之后，成立了小米，进军智能手机业务。当时小米的核心业务是智能手机，边缘业务是互联网服务。逐渐地，互联网服务的收入超过手机硬件的收入，并成为小米新的核心业务。同时小米又进入新的业务领域，包括消费类物联网平台和新零售等，今天小米的物联网平台也逐渐成为它举足轻重的核心业务。

那么，对企业家来说，是不是有一个合理的业务边界存在？

2017年，美团王兴和携程梁建章的争论成为当时商界关注的话题，这个争论是以往许多类似讨论的延续，也吸引了一些企业家、学者的参与。王兴的观点是，企业不应太受限于边界，应借助多业务发展和整合来释放更多红利。梁建章的观点则是多元化不利于创新，中国企业更应考虑专业而非多元化发展。

王兴非常推崇一本书——《有限与无限的游戏》。书中提道：有限的游戏以游戏的终结为目的，旨在以参与者的胜利终结一场比赛；而无限的游戏是有限游戏的延伸，没有终结，游戏本身就是对边界的不断探索。王兴认为商业也是一个无限游戏，他的这种观点事实上亦代表着不少中国企业家的看法。

## 宽松监管促进新兴行业创新

自从智能手机和移动互联网开始普及之后，中国的商业创新进入了一条快速发展的道路。创新层出不穷，同时创业家一波又一波地出现。创新的本质是在不确定性中取得进步，而不确定性的核心往往是监管程度和手法。

创新与监管之间的良性博弈，是社会发展过程中的普遍现象，特别在创新和它背后的科技高速发展之际，监管往往是滞后的。包括监管者在内，没有人能准确预测未来。

这种情况在西方发达国家已经发生，在中国也一样。事实上中国的监管往往较为宽松，这让创新公司有很大的发展空间，不少互联网公司因此发展得非常迅速。但在发展之余，合理的监督是让企业边界在某些节点得以显化的重要手段。

支付宝与微信支付等第三方支付在中国的飞速发展，就是监管为民间创新力量提供土壤的一个好例子。在第三方支付机构出现之前，成立于 2002 年的银联一直是中国境内发行的人民币支付卡的唯一交易清算组织。2005 年左右，中国第三方支付机构开始发展，支付宝、财富通等相继出现，但直到 2011 年，它们才拿到了首批"支付业务许可证"，成为"正规军"。

从 2005 年到 2011 年，这中间的 6 年，国家并没有对支付宝等进入国有银行支付业务领域的公司进行太多限制。相反，在经过多方合理争取后，主管部门授予其合法的地位。为了进一步促进中国民间支付力量的发展，2013 年央行宣布废止 5 个联网通用文件，这标志着之前对银联的政策保护已经彻底取消，而数字支付行业的市场竞争，随着同年微信支付的加入日渐饱和。

### 企业家精神在中国的成长

谈及反垄断，有必要看到，用政府的手调节市场，并不是一件新鲜事。经典案例之一，可以参考 1984 年美国司法部依据《反托拉斯法》拆分美国电话电报公司（AT&T）。这个案件的结果是分拆出一个继承了母公司名称的新 AT&T 公司（专营长途电话业务）和 7 个本地电话公司（即"贝尔七兄弟"）。

2017 年，欧盟称谷歌滥用在搜索引擎领域的市场主导地位，违反欧盟规定，对其处以 24.2 亿欧元反垄断罚款，这巨额的罚金创下当时的历史纪录。2018 年 7 月，欧盟再次因谷歌把 Android 作为一款工具来强化其在搜索市场的主导地位，限制了其他玩家的竞争和创新能力，对其处以 43.4 亿欧元的罚款。

相关的案例还有，2020 年 10 月，美国司法部向谷歌提出反垄断诉讼，指控这家互联网巨头通过非法商业操作，扩大自己在搜索和广告市场的主导优势，阻碍竞争和扼杀对手。两个月后，美国 48 个州和联邦政府一道向社交媒体巨头脸书发起了两份诉讼，指控其滥用其在数字市场中的支配地位，从事反竞争行为。

近年来，利益相关者式资本主义（Stakeholder Capitalism）的意识在西方商业社会有所提高。利益相关者式资本主义的含义是，一家企业代表的主要价值观并非只是为它的股东服务，还要顾及它的顾客、员工、供应链上下游的供应者和应当负起的社会责任。

西方一些企业家已经对此有所意识，并且开始推行。前几年，近 200 家美国企业的 CEO 联名签署了一封公开信，表明对于利益相关者式资本主义的信奉和执行。

当然，这只是这 200 名西方企业家的共同表态而已。在实际情况下，西方企业仍然主要依循着资本主义的主要原则运作，亦即为资本取得较大回报仍然是主要的企业目的。但毕竟，这些企业家愿意一起为具有社会责任意义的"利益相关者式资本主义"发声，还是有重大象征意义的。可以说，这是企业家精神的进化。

在经历了 40 余年的改革开放之后，中国企业家在企业家精神方面的理解亦有所提升。早在 2018 年 12 月亚布力中国企业家论坛上，华泰保险集团董事长王梓木就提出"新时代的企业家应当追求企业社会价值最大化"，他在亚布力论坛上还发布了《社会企业家倡议书》。社会企业、社会企业家的概念虽然在国外已经有了很多年的历史，但在国内它还是全新的。但是无论如何，能够从追求商业价值到追求社会价值，这无疑是中国企业家的进步。

### 对正常监管不必误读

尽管东西方企业家精神貌似在朝着相同的方向发展，但它们所处的环境却存在着本质上的差异。在主要的西方资本主义国家中，资本的力量极强，资本与政治的利益往往紧密地捆绑在一起。而在中国社会之中，一方面企业家在个体方面有相当大的发展空间，但另一方面社会对于集体利益亦有相当大的期许。所以在个体与集体利益的比较之间，中国的企业家们必须取得适当的平衡。

对于政府加强监督互联网平台垄断的做法，有人说这代表着民营企业遭受打压。我个人表示不同意这种看法。

在中国的国有和非国有二元经济架构之下，国企往往肩负着较大的社会责任，在超越狭义的项目经济回报的前提下，国有企业为中国社会提供了基本建设、公共卫生等方面的公共品。而非国有企业则利用这些公共品发挥它们的创新创业能力，来推动经济的发展。今天，民营企业已成为中国经济的重要支柱，它的发展和壮大离不开国有企业提供的公共品，但它同时亦能发挥强大的共生效应。

2020 年 11 月，习近平总书记前往南通市考察，特意走进清末民初实业家张謇故居陈列室，了解张謇创办实业、发展教育、兴办社会公益事业的事迹。习近平总书记强调，在当时内忧外患的形势下，作为中华文化熏陶出来的知识分子，张謇意识到落后必然挨打、实业才能救国，他积极引进先进技术和经营理念，提倡实干兴邦，起而行之，兴办了一系列实业、教育、医疗、社会公益事业，帮助群众，造福乡梓，他是我国民族企业家的楷模。

我们能够体会到，今天中国对民营企业家的重视和期许——什么应该做和可以做，什么不应该做和不可以做。在任何时空中，企业的业务边界是什么，这些都是中国民营企业家需要不断深入思考的问题，不应只以资本回报极大化作为唯一的行为准则。中国需要的企业家必须在个人、投资者、企业和社会之间做出合理的平衡。这样的平衡一部分受到监管的制约，另一部分应是来自自身的行为修养和准则自律。

在一个游戏规则更清晰、更透明和更公平的平台上，可以预期，中国的企业家将发挥更大的能力，推动更多创新的出现。

就像本书前述内容所言，中国企业家精神在这样的框架下将继续提升与优化。中国民营企业家在经历了较粗放的发展阶段后，将进入一个新时代。

## 九、中国的社交电商：源于微信朋友圈的百亿市场

在中国高速发展的消费品领域中，社交电商作为电商行业的一个细分品类，已经变得愈来愈流行。根据商务部报告，2020年中国电商销售总额中约有 11.6% 是通过社交电商来完成的，而全国约有 30.6% 的人会通过社交电商来购物。这个数据还在逐年递增。

社交电商自微信开始普及之后就开始高速发展，随着智能手机、5G、物联网等关键技术的不断进步，社交电商也加快了在互联网用户中的普及率。

而今，随着社交电商逐渐成为许多企业获客的主要渠道之一，熟悉并掌握社交电商的打法已经成为许多公司制胜的关键，特别是对于那些专注于消费产品的公司。

### 什么是社交电商？

社交电商往往通过信息的分享来推广产品，主要分为两种类型。第一类是依靠社交网络来传播产品信息。潜在消费者接收到

推广信息后可能会因为信任信息的分享者而选择购买产品或服务，该类型的领先企业包括微信和拼多多。

微信是中国市场上最早的社交电商平台之一，2019年通过微信交易的总交易额超过5万亿元人民币（约合7200亿美元）。使用微信的买家与卖家大多数都是年轻女性，例如照顾家庭的母亲。在微信平台上售卖的大多是保质期较长的产品，例如护肤品和尿布。部分中国消费者会对这些产品的质量和货源的可靠性表示担忧，但微信上更优惠的价格和对熟人的信任促使他们进行购买。

拼多多则建立了一个以社交为中心的大型电子商务平台。消费者可以通过微信等社交媒体与朋友共享商家信息，从而获得可观的折扣。拼多多的许多用户对价格都非常敏感，愿意利用他们的社交网络来获得更优惠的价格。如此的营销策略、低廉的价格和高度个性化的促销是拼多多成功的关键因素。

第二类的社交电商依赖于在特定领域具有强大影响力的KOL。用户基于对KOL的信任来购买商品，小红书就是一个很好的例子。

小红书最开始的时候是一个小型的在线社群，年轻的消费者会在小红书上积极分享购物技巧和产品评价。而后，其慢慢成长为重要的KOL营销平台。由于小红书的用户群体主要是年轻的女性，因此平台上宣传的产品主要是化妆品、旅游热点和网红饭店。各种公司通常会与 KOL 合作，通过 KOL 向其粉丝发布促销信息。小红书和 KOL 之间以及 KOL 和它们的粉丝之间的高度黏性是小红书成功的关键。

### 视频平台间的竞争

随着 KOL 成为视频平台的一个重要组成部分，它们也为诸如抖音、快手、哔哩哔哩之类的视频平台带来社交电商收入的激增。尤其是在新冠肺炎疫情暴发之后，消费者愈来愈多地通过网络进行购物，带来了新一代社交电商消费者的崛起。

抖音是字节跳动旗下的一款视频社交软件。它结合了直播和 KOL 的影响力，通过社交影响力来推广产品。连续创业者罗永浩在离开锤子手机团队后，他在抖音首场直播的 3 个小时内，就卖出了价值 1.1 亿元人民币（折合 1600 万美元）的产品，涵盖了从小米智能手机、吉列剃须刀到食品、饮料以及美容产品等多个产品种类。

快手，作为抖音的主要竞争对手，它与抖音有着许多相似之处，它也是通过直播和 KOL 来做社交电商。但是，这两个平台的受众人群却大不相同。抖音的用户主要来自一线及超一线城市，而快手的用户通常来自三四线城市。因此，快手的用户对品牌的关注度更低，他们常常会因为对于快手社群里"老铁"们的信任而购买商品。

哔哩哔哩，俗称 B 站，同样作为一个视频分享社区，它专注于长视频，而不是短视频和直播。它在 Z 世代（Z 世代，也称为"网生代""互联网世代""二次元世代""数媒土著"，通常是指 1995 年至 2009 年出生的一代人，他们一出生就与网络信息时代无缝对接，受数字信息技术、即时通信设备、智能手机产品等影响比较大）中非常受欢迎，并且吸引了很多用户。自成立以来，其视频内容聚焦在 ACG（Animation、Comics、Games，即动画、漫画、游戏），现在其内容已经超出了这个范畴。许多其他平台（例如抖音）上的 KOL 正在向哔哩哔哩迁移，这使得其基础用户更加多元化。它独特的会员项目有助于在平台和用户之间营造一种社区感。哔哩哔哩 2020 年第四季度的财务报告显示，它的大部分收入都是来自会员和订阅服务、游戏和广告服务，而电子商务服务仅占其总收入的 19%。然而，该公司已经意识到社交电商的潜力，电子商务收入也开始迅速增长。

### 如何运用社交电商？

随着愈来愈多的公司调整其业务战略，发展社交电商，公司应意识到有效利用社交电商的关键方法。公司可以通过品牌拟人化，仔细选择正确的渠道来分享品牌信息，并适应不断变化的消费者行为来参与其中。

通过品牌拟人化，公司可以创建与其个性特征高度相关的品牌形象，从而使目标消费者更加熟悉该品牌。品牌与客户之间建立的情感联系也将提高客户对品牌的忠诚度。中国轻口味白酒品牌江小白，它通过成为年轻消费者的朋友这一形象定位，使得自身品牌与目标消费者产生情感和体验上的共鸣。江小白还利用其在社交电商的个性化品牌形象，以年轻人的形象向消费者传达信息，让年轻的消费者们与品牌建立了融洽的关系。

此外，由于不同的社交电商平台通常拥有不同的目标受众，因此公司应根据其产品和品牌形象选择合适的社交电商平台。例如，完美日记作为一个面向年轻消费者的中国化妆品品牌，选择在微信、小红书和哔哩哔哩上推广产品，并针对每个平台的受众使用不同的策略，来达到有效推广的目的。

公司应持续关注消费者行为的变化，以保持适应消费者需求变化的能力。在直播带货中，淘宝曾经是老牌公司，但是在直播的战局中，随着诸如抖音和快手之类的视频平台的加入，淘宝也面临着更加激烈的竞争。来自邻近行业的玩家也正在关注并且陆续加入直播带货这个潜力巨大的行业，这都使得这个行业的竞争异常激烈。另外一家中国互联网巨头百度，正计划加强自己的直播平台。同时，视频平台也希望增强对电子商务交易的控制，并希望建立一个独立闭环的交易系统来摆脱电子商务巨头的影响。

## 社交电商的启示

中国的消费者需求、社交媒体平台、电子商务平台和品牌将继续相互影响。作为这些因素之间的关键联系，社交电商将变得愈来愈重要。

社交电商已成为争夺中国庞大的消费市场必不可少的工具之一，许多外资跨国公司现都在努力参与。这就要求它们的首席营销官能够灵活掌控全局，包括掌控自己的产品品牌定位、目标受众以及对 KOL 和社交商务平台的谨慎使用。他们应该与在中国广告领域有着丰富经验的本地公司建立合作伙伴关系，以便更好地利用社交电商。

社交电商盛行，品牌在新场景之下将产生大量的新用户数据，公司将需要新的数据管理功能，同时需要考虑如何保护这些数据，并在法律与道德框架范围内合理利用。

社交电商的兴起也使人们更加关注将社交纳入中国商业模式的重要性。这不仅适用于社交电商中常见的快速消费品品牌，也适用于其他产品品牌。例如中国电动汽车品牌蔚来也成功创建了一个"蔚来社区"，以吸引用户并提高他们的忠诚度。

与任何快速发展的商业模式一样，社交电商（尤其是直播）也面临着问题和挑战。因为消费者担心劣质产品和误导性广告，因此中国的监管机构已经加强了对电子商务平台的安全性的管控，并发布了指南，以帮助该行业获得更可持续、更健康的发展。尽管监管仍需赶上创新的步伐，但两者都将在中国持续发展。

# 十、中国汽车行业重塑

2020 年第一季度，中国的汽车销量同比大幅度下降了 42.4%，而在余下的三个季度中却实现了较大的反弹，全年销量突破了 2500 万辆，约占全球汽车销量的 1/3。

### 国家大力支持新能源汽车

中国汽车销量的反弹式增长与中国将发展新能源汽车列为国之重策有着密切的关系。2020 年 9 月，国家领导人宣布了"碳中和 2060"的计划，致力于在 2030 年之前使中国的二氧化碳排放量达到峰值，并在 2060 年之前实现碳中和。

两个月后，国务院宣布了一项为期 15 年（2021—2035 年）的汽车行业发展计划，为新能源汽车的普及率设定了明确的目标：到 2025 年达到 20%，到 2030 年达到 40%，到 2035 年超过 50% 以上。政府在政策落地上也不遗余力，提供了包括税收的减免和电动汽车充电桩的建设等支持。

在政府的大力支持下，新能源汽车的发展已经颇有成效。根据中国汽车工业协会的数据统计，2020 年新能源汽车销量已经占中国汽车总销量的 5.4%，而这个数字在 2021 年达到了 13.4%。

如今，推动新能源汽车的发展已被认为是物联网时代的下一件大事，智能互联已经成为汽车的标准配置。

### 致力于自动驾驶技术商业化

随着行业的高速发展，中国也正在迅速实现自动驾驶技术的商业化。L4 级别（高度自动化驾驶）的自动驾驶出租车（Robo-taxi）已经在中国多个城市进行试行，其中包括上海、广州、南京和长沙。

在商用车领域，L4 级别的自动驾驶技术同样也被应用在货物运输上。2020 年 7 月，上汽集团宣布在上海洋山港进行自主研发的"5G+L4 级别"智能重型卡车的准商业化运营。京东、阿里巴巴和美团等中国互联网巨头也都在致力于解决最后一公里自动配送的难题。

此外，中国政府还放宽了在中国运营的外国整车厂所有权股份的比例要求。中国作为全球最大的汽车市场，值此变革之际，不断有资金涌入。在 2020 年，中国汽车业和运输业的投融资总额达到 86 亿美元，这些资金主要用于新能源和自动驾驶汽车领域。

许多不同背景的企业受到汽车行业未来指数级增长潜力的吸

引，正在前赴后继地进入汽车市场。例如，互联网巨头百度已经与本土汽车制造商吉利建立了合资企业，联合宣称将制造下一代智能汽车。

此外，全球第三大智能手机制造商小米宣布建立一个新的部门，旨在生产电动汽车，将由小米 CEO 雷军亲自领军，预期将在未来 10 年内投资超 100 亿美元。

### 传统制造商的改变及价值链企业涌现

围绕汽车行业的整个价值链的初创企业也在不断涌现。北京地平线机器人技术研发有限公司已经成立 7 年，它专门研究自动驾驶汽车的人工智能芯片，该公司的目标是在其 C 轮融资中筹集超过 7 亿美元的资金，用于加速下一代 L4 和 L5（全驱动自动化）自动驾驶芯片的开发和商业化。Neolix（新石器）是一家总部位于北京的物流自动驾驶初创企业，它紧追中国自动驾驶汽车市场的脚步而快速发展。Neolix 表示已向华为、阿里巴巴和京东等客户销售了 200 多辆汽车，已售汽车被投放在全国 20 多个城市。

与此同时，传统的整车制造商正在重新进行自我定位，以增强它们在"新游戏"中的竞争优势。

2018 年 10 月，戴姆勒出行技术服务有限公司与吉利宣布成立合资企业 StarRides，其定位是提供高端的出行服务。该服务于 2019 年 12 月在浙江省杭州市启动，现在其服务范围已覆盖中国大部分大都市和热门的旅游地点。

作为中国最大的本土汽车制造商之一，吉利的目标是通过自身的能力和合作伙伴的生态，成为全方位的运输服务解决方案提供商。在过去的 10 年中，吉利推出了 Lynk & Co（领克，提供个性化出行服务的智能互联汽车品牌）、Polestar（极星，使用订阅模式的高级电动汽车品牌）、曹操出行（新能源汽车共享出行平台），并收购沃尔沃汽车公司、伦敦出租车公司、Terrafugia（太力，世界上第一家飞行汽车公司），同时与百度、腾讯、富士康和丹拿签署了与车辆服务相关的战略合作协议。

可预见的是，汽车行业的需求和供应将继续大幅增加，在某些细分市场中甚至可能出现供过于求的情况。客户需求将随着供应商的增多而变得更加挑剔，重塑行业的新政策将继续发展，更加激烈的竞争也将显现。

过去的成功将不能保证未来同样的成功。一些公司在这场"新游戏"中可能会被边缘化，甚至可能被淘汰出局。获胜者将是那些可以快速学习、适应和增强自身竞争力的公司。

## 十一、中国半导体产业处于转折点

2020 年 6 月，关于全球半导体芯片短缺的消息不绝于耳。一些专家认为这将会是一场危机，因为中国是世界上最大的半导体消费国，其消费占据了全球供应量的 50％，但是中国高端芯片的产量却是有限的。

### 芯片严重短缺，打乱全球产业供应

美国对中国技术出口的制裁，以及受疫情影响的供应链中断造成了芯片的严重短缺。全球的企业和消费者都正面临着日益严重的芯片供应问题。

第一个临界点是美国前总统特朗普开始对以华为为首的中国主要制造商的芯片出口实施制裁，这几乎导致全球整个半导体产业的瘫痪。

多年以来，因为遵循着全球化规则，以及世界各地不同经济体自发形成的劳动分工，中国的高端芯片严重依赖进口。由于高端半导体芯片固有的高风险行业特点，产业前期需要巨额的投资，因而在世界范围内，价值链的关键部分集中在特定地区的少数参与者手中的传统分工是符合市场规律的。

然而，美国对中国芯片供应的制裁打乱了这些基本规则。中国也意识到实现在半导体等核心技术上的自给自足将是未来竞争的关键。

中国迈向半导体自给自足的举动，给全球现有玩家的未来带来了新的影响。世界领先的计算机芯片光刻设备制造商，阿斯麦（ASML）的 CEO 彼得·温宁克（Peter Wennink）向新闻媒体《政客》（*Politico*）表示，欧洲不应该像美国那样限制对中国的出口。除了出口外，外国企业还需要融入中国的生态系统，并在当地开展业务。

**中国希冀发展半导体关键技术领域**

作为全球购买芯片最多的国家，中国在推动芯片自给自足的同时，亦推动着该领域新技术的进一步发展。半导体产业已经成为国家的重中之重。"十四五"规划明确提出，2021 年至 2025 年期间，国家研发经费年均增长 7% 以上，重点发展半导体等关键技术领域。

据《中国制造 2025》产业规划，截至 2025 年，中国使用的半导体将有 70% 在中国本土进行生产。中国在技术和创新方面都取得了显著的进步。中国科学院苏州纳米技术与纳米仿生研究所 2020 年宣布在激光光刻技术上取得了突破，并有望带动国内先进光刻机的生产。然而，先进光刻机的本土生产仍处于早期阶段，距离商业化还需要好几年的时间。

2020 年 5 月，中芯国际开始为华为量产麒麟 710A 芯片，现在华为与台积电以外的一家代工厂合作制造相关硬件。同年 10 月，中芯国际表示将很快为中国市场生产 7 纳米芯片。此外，中国电子科技集团有限公司（CETC）开发了一系列自主研发的离子注入机，可用于生产 28 纳米芯片，该规格的纳米芯片是产业链中关键的零部件。

中国在半导体产业的举措正在影响该产业的全球动态。包括高通公司在内的美国主要供应商的报告显示，它们普遍收入下降而且正在游说反对对中国的出口制裁。业内专家预计，在未来3—5年，美国在全球半导体的市场份额将下降10%左右，其收入亦将下降20%以上。

为了解决这些问题，中国半导体行业协会和美国半导体行业协会成立了一个工作组，讨论如何解决知识产权、贸易政策和加密等问题。

### 全球半导体产业创新，中国扮演关键角色

中国企业的崛起以及美国、欧盟和其他国家政府的行动，使半导体产业的竞争更加激烈。随着中国半导体产业竞争力的不断增强和结构的不断优化，中国半导体产业显然已经进入了一个新的时代，世界其他国家与地区的供应链和价值链亦随之发生改变。

不同类型的玩家正在不断演变的价值链中争夺一席之地。无论是在位者还是颠覆者，无论是外资企业还是本土企业（国有企业和民营企业），都在竞争、创新和合作。

台积电的最新投资或许能帮助它巩固在全球的地位。2021年4月，台积电斥资28.87亿美元扩建南京工厂，并宣布计划在

美国亚利桑那州兴建一座价值 120 亿美元的工厂，覆盖全球两大市场。

欧盟亦外包了许多相关的设计和制造能力，且正为来到欧洲的芯片新工厂提供补贴。业界现在正朝着更为先进的 5 纳米、3 纳米和 2 纳米芯片发展。

摩尔定律——关于密集集成电路中晶体管数量每两年左右翻一番的假设，似乎已经到了极限，半导体产业的创新可能也已临近瓶颈。半导体核心技术有可能会产生颠覆，这将导致该产业的重大格局变化。

如今，企业正面临着一个不断发展的战略新格局。他们需要重新设想未来全球半导体产业的格局，而中国将在其中扮演越来越重大和关键的角色。

# 十二、大湾区发展潜力巨大

中国的创新与创业征程，自改革开放以来已取得长足的发展，尝试对市场经济要素进行重新配置，企业家精神得以回归。20 世纪末，几代创业者涌现，并将中国的创业浪潮推向高潮。

### 企业家精神支撑国家发展

近年，中国的电子商务、社交商务、新零售、大健康、金融科技、机器人和自动化、汽车和出行等领域都发生了颠覆性的新变革。中国涌现出腾讯、华为、大疆、小米等领先科技企业。平安、吉利、比亚迪与美的等以传统制造业起家的企业，也成功转型为创新型科技企业。

企业家如今已经成为中国经济发展的重要因素，也是商业创新应用实践最重要的来源。今天，不单是国有经济，民营经济也成为中国经济的重要组成部分。

同时，中央政府继续制定相关政策，引导国家经济朝正确的方向发展，从而推动经济的可持续发展。进入 21 世纪以来，中国企业家在创新实践方面积累了 20 多年的成功经验，并在此基础上，国务院于 2014 年颁布的"大众创业、万众创新"政策也得以成功实施。

在实现过程之中，地方政府扮演着重要的角色，成为中央政府和企业家之间的桥梁。地方政府常常为企业提供资金支持，其选定的战略发展方向也同中央政府的方向相适应。例如许多地方政府建立了数字智慧基础设施，以回应中央政府发起的智慧城市倡议。

## 二元三层结构成功提振中国企业

除了中央政府、地方政府，以及企业组成三层结构之外，中国经济的独特之处还在于国有经济和民营经济并行的二元经济结构。国有企业和民营企业之间虽然有时存在竞争，但两者又以互惠互利的关系共生。

国有企业提供公共产品（如基础设施、环保措施等），履行对公众的社会责任。以铁路为例，国有企业仅用十几年时间就成功搭建了中国高速铁路网，从"一穷二白"到建成世界规模最大的高速铁路系统。从本质上来讲，国有企业不只创造短期的经济收益，从公共利益长期发展的角度来评估这些关键基础设施专案，价值更是巨大。如今，中国民众，包括外资企业在内的各类企业，都受益于国有企业提供的这些基础设施。

当然，中国还需要对二元三层结构的各个组成部分进行不断的重组和调整，才能使之持续奏效。这种模式本质上是试验性的，要求相关参与者具有很强的整体协同能力，秉承共同的目标和价值观。因此，二元三层结构具有一种与生俱来的自我调节能力。

相较于早期企业家，如今的中国企业家普遍更为年轻。他们中有许多人只有 30 多岁，有的年纪甚至更小。他们通常聚集在特定的地理区域，比如粤港澳大湾区、长江三角洲，以及环北京地区等。他们也会出现在其他地区，包括一些二三线城市。这些企业家投身于各行各业，但共同点都是将技术作为创新的基础。

## 中国正迈进科技创新的时代

粤港澳大湾区是由中国九个内地城市和两个特别行政区（香港和澳门）组成的大都会区，总人口超过 7200 万人，国内生产总值约 1680 亿美元。据《第一财经》报道，东莞和佛山已追随深圳和广州的步伐，跻身于中国内地新一线城市的行列。

粤港澳大湾区已经成为中国许多创新龙头企业的大本营，其中有许多企业在不久前还只是初创企业。而许多年轻的企业家在资金和孵化方面都得到了地方政府的支持，因此大大提高了创业成功的概率。

随着粤港澳大湾区实力的不断壮大，企业创新的重点领域将包括移动通信、金融科技、互联网智慧医疗、智慧生产与物流。特别是近 10 年来，粤港澳大湾区的高校和科研机构规模迅速扩大，科研能力不断提高，而且这一势头还将继续保持。大湾区中的香港特别行政区和澳门特别行政区亦是如此。

## 大湾区可释放青年企业家潜能

正因为粤港澳大湾区创新与企业家精神逐渐深入人心，配套基础设施和机制也在不断完善，它作为青年企业家释放潜能的平台，其作用日益突显。

此外，历经多年积累，粤港澳大湾区打造了集合供应商、设计师、原型工程师、检测实验室、制造商等生机勃勃的多元化生态系统。这些基础保障将有助于加速技术创新的发展。

中国"十四五"规划强调了技术创新对国家未来发展的重要性。中央政府、各地方政府以及民营企业投资者将投入更多资源以推动创新的发展。国有企业和民营企业也会加强合作伙伴关系来推动创新的发展。有了多年来沉淀的坚实基础，也有政策的进一步激励，再加上整个地区所有管辖区域加强了整合和协调，有理由相信，粤港澳大湾区将进一步稳固其全球创新和创业中心的地位。

# 十三、解码中国创新文化

中国的创新驱动力可以概括为两方面：一方面是由政府驱动的技术创新，尤其是在包括航天事业、深海探测与量子计算等多个创新领域的发展；另一方面则是由科技驱动的商业创新，例如电子商务、社交商务、新零售、大健康、金融科技、自动化和机器人工程、智慧物流、智能驾驶以及移动出行等。民营企业在商业创新中扮演着举足轻重的角色，它们通常也与地方政府协同合作。

20 世纪 70 年代末，中国开始尝试引入市场经济，并放手让企业家探索寻找自己的财富。随着几代创业者的先后涌现，中国的创业浪潮在 20 世纪末被第一次推向高点，此时的中国企业家接受了互联网，并利用它进行商业创新。通过便利的互联网新技术，在解决中国用户存在的关键痛点的同时，又满足了消费者对新产品的新兴需求。

大型科技企业为首的诸多中国企业不断为中国的经济发展添砖加瓦。而如平安保险、吉利汽车、比亚迪等一些较为传统的企业，也已经成功转型为创新科技企业。据 2020 年《胡润全球独角兽排行榜》显示，独角兽企业（估值超过 10 亿美元的非上市企业）的数量在近年来呈现指数级增长，而中国以 227 家独角兽公司的成绩位列全球第二，仅次于拥有 233 家独角兽公司的美国。

## 民营企业成为推动商业创新的重要原动力

20 世纪 70 年代末，中国开始走上了改革之路。中国在坚持计划经济体制的同时，开始引入市场经济手段，其中包括民营企业家的回归。

民营企业家如今已经成为中国经济发展的关键因素，也是推动商业性创新最重要的原动力。中国不单有国有经济，民营经济也成为其经济组成中不可或缺的一部分。同时，中央政府继续制定相关政策，引导国家经济朝着正确的方向发展，从而推动国家的可持续发展。

具体来说，中央银行准许多家民营企业参与在线支付系统的创建和运行。如今，中国第三方支付交易金额已达 280 万亿元（约 44 万亿美元），其中超过 80% 的交易金额来自支付宝和微信支付平台。官方也推出中央银行数字货币，而且考虑到目前民营企业在线上支付业务中的重要性，双方仍会继续开展合作。

地方政府的作用亦十分关键，它们是中央政府和企业家之间的桥梁。地方政府时常为企业提供资金支持，并落实符合中央政策方针的战略定位。例如许多地方政府建立了数字化、智慧化的基础设施，以回应中央政府发起的智慧城市倡议。

### 创新已融入中华文化

政府可以针对一定的目标和目的，在全国范围内调动资源，有人把这种方式称为"举国体制"。这种体制是基于所有参与者的集体责任感与个人主义之间的务实平衡感而建立起来的。虽然国家强调集体的目标感和责任感，并通过国有企业为人民和企业提供必要的公共产品，但同时企业家缘于自身想法，在不违背国家引导的、基于规则的秩序下所获得的成功是被允许和鼓励的。

有些人将这种体制的形成归因于中国的历史文化，这种文化强调一种集体责任感，这种责任感来自广泛而多样（以汉族文化为中心的）的思想谱系。这种思想谱系与现代中国的目标和治理体系相互结合，以某种方式创造了一种兼顾集体利益和个人追求的包容性文化。

这无疑导致了前所未有的大规模的充满强度、速度和弹性的创新与发展。创新已成为今天中华文化的重要组成部分。

# 十四、中国汽车行业进入新战国时代

中国的汽车行业在新政策、新技术和需求模式变化等因素的驱动下，正在经历着巨大的变革。同时由于各种不同类型的行业玩家的入局，包括一些传统车企和一些新进入者，它们正在以不同的方式进行竞争和合作，使得竞争愈来愈激烈，进而创造了一个大规模、新兴且日益复杂的竞争格局。

这种竞争将推动更多创新的发展，以及市场玩家能力的提高，从而提升整个行业的品质水准。

### 政策正驱使汽车行业转变

中国分别于 2018 年和 2020 年，宣布取消对新能源汽车和商用车生产制造的外资持股比例限制，并已于 2022 年年初取消乘用车的外资持股比例限制。在此之前，外国整车厂只能通过成立中外合资企业在中国进行经营，并且最多只能拥有合资企业50% 的股份。

随着政策的开放，许多最初的中外合资企业都进行了重组。例如，大众汽车重组了与江淮汽车集团的合资企业，从而拥有75%的股份；现代汽车通过对四川现代的收购，将其转变为一家外商独资企业，即中国第一家外商独资的商用车企业。此外，宝马已宣布计划将其在与华晨中国汽车的合资公司——华晨宝马中的持股比例从50%增加到75%，而这项交易计划于2022年完成，届时中国政府将解除外国车企对合资企业的所有权上限的规定。

### 新竞争格局正在形成

除了在中国汽车市场上深耕了几十年的传统国有汽车制造商和老牌外企之外，在过去10—20年里，这个市场中出现了一系列"新一代玩家"，其中大部分是中国的民营企业。而在它们之中，长城、吉利、比亚迪等公司已经成为这个市场上有强大竞争力的企业。

随着新能源汽车和智能网联汽车的兴起，其他新玩家也加入了新能源汽车造车游戏，包括以蔚来、小鹏、理想为代表的中国"新势力"；以华为为代表的科技公司；以阿里巴巴、百度为代表的互联网公司；以小马智行（Pony.ai）、安途（AutoX）、文远知行（WeRide）为代表的新晋自动驾驶初创公司，以及加入战团的小米、360公司。中国汽车市场上的竞争变得愈来愈激烈，并且表现远超以前公众所能想象的维度。

例如，中国智能手机和物联网领域的领先企业小米已决定进入新能源汽车市场，并正在构建一种不同于传统的新型商业模式。小米旗下拥有每月超过一亿活跃用户的 AI 语音交互引擎"小爱同学"，可直接应用于其未来的汽车产品，从而将车辆与具有相同 AI 引擎的所有其他物联网连接起来。小米通过招募丹尼尔·波维（Daniel Povey）——语音识别和人工智能领域的国际知名科学家等方式，积极提高在这一方面的技术创新能力。

**新的合纵连横正在企业间出现**

随着许多公司在日益加剧的新竞争中不断寻找自己新的能力，它们已经建立了与其他企业的新关系和新的合作模式，而这些新关系超越了原有的公司所有权类别的简单划分——国有企业、民营企业和外资企业。

如今企业之间的关系迅速发展，企业之间新的合作模式也变得多样化和更加复杂。互联网巨头之一的百度与中国最大的本土汽车制造商之一的吉利汽车共同成立了一家电动汽车合资企业——集度汽车。集度汽车将充分利用百度的人工智能技术和地图技术、Apollo 的自动驾驶技术和吉利的浩瀚智慧进化体验架构。

同时，另一家互联网巨头阿里巴巴与大型国有汽车制造商上海汽车合作，共同推出一个新的电动车品牌——智己汽车（IM智己）。智己汽车将充分利用阿里巴巴在大数据与人工智能上的技术优势与上海汽车在汽车生产上的丰富经验，其首款车型已在2022年4月上线。

除此之外，宝马与长城汽车也已经成立了一家各持股50%的电动车合资企业。中国三大国有汽车制造商一汽集团、东风汽车和长安汽车已经成立了一家名为T3出行的合资企业，致力于提供汽车共用出行服务。

### 一个新的战国时代已经出现

中国汽车行业的结构在政府的主导下将继续保持动态发展。中国现在有"太多"电动汽车制造商，政府将鼓励电动汽车的行业整合。江苏省政府提交给国家发展和改革委员会的一份报告显示，2020年全国汽车产能利用率平均仅有53%。

中国的汽车行业在5年后肯定会变得截然不同。势必会有一些玩家（可能是传统车企或新进入者）在市场的竞争中脱颖而出，它们将会变得非常有价值，但另一些车企则会被边缘化甚至被市场淘汰。最终答案在很大程度上取决于这些公司在今天决定做什么以及怎么做。

中国的汽车行业正在进入一个新的战国时代，群雄正在"逐鹿中原"。正如历史上的战国时代一样，不少新的理念包括技术、战略与管理方法等将会因此而催生，百家争鸣，合纵连横。参与者将会有胜有负，但是可以预见，留给社会的将是一个灿烂的时代。

# 十五、5G 将引领更多创新

第五代移动通信技术（5th Generation Mobile Communication Technology，简称 5G），是具有高速率、低时延和大连接特点的新一代宽带移动通信技术，5G 通信设施是实现人机物互联的网络基础设施。5G 在全球范围内的发展可谓如火如荼。尽管当前还处在 5G 商用化的早期阶段，但可以看到各国政府与相关企业已经对 5G 相关产业倾注大量的投资。在未来几年，5G 与 AI、区块链与云计算等颠覆性技术，将催生更多创新的火花，亦会加速各行业数字化转型之路。

## 中国处于 5G 发展的前沿

根据全球移动供应商协会（GSA）的最新报告，全球范围内 70 个国家与地区之中的 169 个移动营运商已经推出了 5G 服务。截至 2020 年 12 月，全球范围内 5G 基站的部署已经超过 100 万个。同时，根据摩根大通的调查研究，全球范围内 5G 的用户数量在 2020 年 12 月已经超过 2.25 亿，预计在 2025 年将跃升到 30 亿。

众所周知，中国一直处于 5G 发展的前沿。全球移动供应商协会报告显示，截至 2020 年 12 月，中国 5G 基站的数量超过了 71.8 万，几乎是第二名韩国 5G 基站数量的 6 倍，占所有 5G 基站数量的 70%。中国的 5G 用户数量也是遥遥领先，全球 2.25 亿使用者中有约 2 亿来自中国。中国企业在 5G 的研究上亦遥遥领先，《日经亚洲》（Nikkei Asia）的调查显示，世界上 1/3 的 5G 专利来自中国。

**有望实现全场景互联网**

其实，5G 在生活中已经随处可见。由于 5G 具有低延迟、大频宽和超高速率的特点，它被广泛应用于诸多生活场景，例如覆盖面广阔的集体运输，如高铁和地铁，人口密集地区的住宅和办公楼，需要低功耗且有多种场景连接的智慧城市和智慧农业，以及需要低延迟网络的自动驾驶等。

其中，5G 赋能物联网、车路协同、远程医疗和工业互联网一直以来是社会广泛关注的话题。在物联网领域，5G 被大量应用于智能手机、智慧家居、自动驾驶车辆、可穿戴设备等终端设备，伴随着愈来愈多的设备之间的无缝对接，未来亦会实现全场景互联网。

在汽车行业中，5G 是推动该行业进入"智慧出行"时代的关键，在这个时代，车辆正变得更加智能化与互联化。5G 也加强了许多车载功能与体验，如车载娱乐、即时定位和导航系统、车联网和自动驾驶等。

在工业领域中，5G 加强了柔性生产和智慧制造的能力；在医疗领域中，5G 加速了远程监控、远程咨询与指导，以及使远程手术变为可能；在泛娱乐领域中，5G 使得云游戏和高清视频服务正在成为现实。

在中国，5G 赋能的一系列应用将在推动一些政策和规划方面起到关键的助推作用——尤其是以科技创新为核心的"十四五"规划，与实施不久的共同富裕、乡村振兴、碳中和、双循环等关键政策。

在这个过程中，我们将看到产业融合和转型的加速，5G 将促使更多行业间的合作和资讯无缝交换，并可能引发下一代工业革命。

### 多家科企投身"元宇宙"

近年来一个非常热门的话题是有关快速发展的"元宇宙"（Metaverse）的，简单来说，它是多人在线游戏、可编辑的虚拟世界、经济系统、社交系统和去中心化认证系统，以及现实元素等众多因素的集合。它融合了增强现实（AR）、虚拟现实（VR）、混合现实（MR）和脑机界面（BRI）等技术，为使用者创造了过去无法想象的交互体验。

虽然主流社会对元宇宙的研究仍处于非常初级的阶段，但是许多知名的公司已经表达出进入这一领域的强烈兴趣。脸书CEO马克·扎克伯格表示希望在未来5年内将脸书转变为一家元宇宙公司。脸书已经将公司重新命名为 Meta，以突出元宇宙的概念。微软（Microsoft）、英伟达（Nvidia）和罗布乐思（Roblox）等其他领先的科技公司亦宣布，它们将持续关注与投资元宇宙领域。

5G 与人工智能，是推动元宇宙实现商业化的关键因素。元宇宙对网速的要求高达 100Mbps，目前所有网络之中只有 5G 才能实现。5G 可以使人们在进入元宇宙之前，将大量体验场景下载到本地设备。

此外，5G 网络的延迟小于 10 毫秒，这将更好地维持远程渲染（Remote Rendering）。畅想未来，连接元宇宙所需要的设备也将变得更加"迷你"，因为使用 5G 可以将场景直接传输到耳机或其他设备，这将减少对当前设备的大部分发热元件的需求，并同时降低冷却和电源需求。

## 5G 将会带来什么商业模式？

对于消费者来说，5G 同样可以创造新的使用者需求。5G时代，愈加丰富的使用者沟通与用户体验将催生新的产业以及新的商业模式。

与当今其他的产业相似，5G 的商业化将在一定程度上受到国际关系以及数据安全主权等问题的影响。这将会在一定程度上使 5G 的商业化更为复杂。同时，人类在不断追求更多的互联互通。因此，公司需要将这些因素纳入其未来业务战略的制定中。

5G 与其他颠覆性技术为全球商业带来了创新的新拐点，5G 将通过创新为更多的行业带来重大机遇，也将重塑从研发到设计、制造、售后和服务的整个价值链的多个环节。新的篇章正在悄然开启，而中国在其中扮演的角色将极为重要。

第三章

# 国际公司需要读懂的中国格局

# 一、外商会不会大批撤离中国？

2020 年 4 月 7 日，日本政府敲定了规模达 108 万亿日元（约合人民币 7 万亿元）的新冠肺炎疫情紧急经济措施，其中 2435 亿日元（约合人民币 148 亿元）将用于支持日企将生产线从中国转移至日本本土或其他国家。无独有偶，4 月 9 日，特朗普总统的最高经济顾问拉里·库德洛表示，美国政府将对从中国迁出的美国企业报销全部支出成本。4 月 14 日，法国雷诺汽车公司宣布将会结束它们与东风汽车集团在武汉市的合资项目，将雷诺武汉工厂的全部控制权转让给东风，并全面停止生产雷诺品牌的乘用车。

**西方宣扬的供应链"去中国化"备受关注**

忽然之间，社会各界对于外商会否大批撤离中国、将供应链"去中国化"非常关心。不少人担心，中国未来是否会被"隔绝于世界之外"。

实际上，这样的担心不是最近才出现的。自从发生中美贸易摩擦之后，不少人已经发表评论并指出，中国或许将被孤立。

2020 年 1 月 31 日，时任美国商务部长威尔伯·罗斯（Wilbur Ross）指出新冠肺炎疫情将会"帮助"就业机会回流至美国本土或墨西哥，企业会为了正常经营而远离受疫情影响的中国。4月3日，美国调查记者丹尼尔·格林菲尔德（Daniel Greenfield）则提出疫情在美国传播将会分散人们的生活方式，促使中小企业发展并在当地出售产品，而不是任由上千种中国制造的商品充斥大型购物中心。除此之外，4月10日《亚洲日报》（Asia Times）的一篇文章亦对疫情之后的全球化进程展开了评论，认为中国的供应链大概率将受到冲击。

我在与不少外资跨国企业高管的交流中发现，他们大部分短期内的首要任务是稳定经营和现金流，而且普遍认为中国市场与其在全球供应链中的地位仍旧举足轻重，但如何规划下一步还需慎重的考虑。除了市场本身，他们亦认为中国在创新，尤其是在数字层面将会迎来突破，同时也更希望政府能够提出明确的支持政策。

**欧洲生产商不热衷撤离中国**

这个发现与《纽约时报》一项名叫"大多数美国公司没有因新冠肺炎疫情而离开中国的计划"的调查结果一致。财新网报道了对中国欧盟商会主席乔格·伍德克（Joerg Wuttke）的采访，他亦表示欧洲生产商不热衷撤离中国。

对大型外资跨国企业来说，在中国的发展战略是一件大事，它们并不会轻易、草率地做出改变的决定。以我们的理解，这些公司的高管们对中国的看法，在很大程度上会基于他们对于疫情后全球秩序重构情况的判断。而绝大部分高管们和他们的董事会对此还未有清晰和一致的观点。

新冠肺炎疫情对于许多公司的供应链的确造成了极大的影响。2020 年 3 月 9 日至 14 日，华南美国商会对 237 家会员企业的调研显示，近 1/3 的受访企业面临物资短缺的问题，而全部受访企业表示受供应链中断的影响，自身经营受阻。

如前文所述，外企在中国的供应链有三类。劳动密集型供应链和以美国市场为主的供应链，这两类供应链已经逐渐撤离。第三类供应链则较为复杂，它们往往由集群组成，具有规模较大、知识技术要求较高的特点，常见于智能手机、汽车、先进机械，以及 IoT（物联网）、AIoT（智能物联）等行业。其中，汽车行业的专家表示，汽车行业以后有可能出现中国之外的产业链。有一部分可能会回归欧洲或者北美，但东亚、欧洲、北美这样分布的大格局不会有太大的变化。高端电子产品方面，因为较高的客单价以及对技术更新和产品品质的要求，供应链需要日本、新加坡、韩国与中国台湾地区的创新技术以及中国高效的产品组装能力。因此，即便印度和墨西哥可以完成产品组装，系统的工作仍旧无法完成。此类供应链将成为未来竞争的战场，而中国既会面临挑战，也具备不可替代的优势。

要做出较为复杂的供应链调整的决定，企业需要经过系统全面的思考。正如前文提到的供应链提供者必须符合三方面的标准，中国在这三方面都具有优势，如成本方面，由于中国市场规模庞大，其供应链成本仍具有优势。又如供应链的质量方面，中国的制造业和发展能力经过数十年的发展具有无可比拟的优势。再如响应性和及时性方面，中国多年来建立的供应链集群，可以确保内部的高效协作和科技与创新的发展。

**疫情给中国带来挑战和机遇**

众所周知，中国制造业在核心技术，特别是芯片方面，仍然遇到严重的瓶颈。芯片产业仍然是以美国企业为主，在生产方面，台积电亦是全球最大的芯片代工企业。不过领先的外资芯片制造商在华营收占其总营收的比例相当高（高通、英特尔、英伟达 2019 年在华营收占总营收的比例分别达到 48%、28%、24%）。这场市场与技术的博弈，如火如荼。可以预见的是，核心技术的瓶颈将加速中国在这一方向上创新的紧迫性。

从我们与为数不少跨国企业高管的交谈所知，面对新冠肺炎疫情这一巨大的"黑天鹅"，他们仍清晰地意识到供应链经济与否将决定企业长期的经营状况，调整供应链不是一次性搬运费用的问题。对于未来的发展，他们认为疫情将促使下一阶段的产业更加重视 5G、云服务、IoT/AIoT、区块链等数字基建。

过去供应链全球化的趋势很可能会有所变化，亦可能在某些西方国家局部出现区域化或本地化的供应链。加上云科技、工业互联网和自动化的发展，未来的制造业将会走上更加智能化的发展道路，让分布式制造更有可能出现。跨国公司在全球范围内的制造蓝图需要系统工程的优化。中国仍将是核心之一，但为了规避风险，跨国企业会在全球供应链布局上做足风险控制。

## 二、跨国企业在华战略新动态

新冠肺炎疫情的出现，以及近年来国家间关系的变化，给不少跨国企业在中国的战略增加了不确定性。中国疫情最严峻的时候，国际上普遍弥漫着一种"去全球化"和"去中国化"的论调。前者是相对过去数十年"全球化"进程的反调，由于某些国家实行了单边主义的措施，"去全球化"俨然成为世界经济必然会走出的下一步。同时，2020 年年初因为中国局部的制造业生产受到了一定的影响，国外不少舆论随即假设供应链将会大量撤离中国，不少跨国公司亦会离开，将迎来"去中国化"浪潮。

但现实显然不是。到 2020 年年中时，中国已经明显控制住疫情，而世界上许多国家，特别是一些经济较发达的西方国家，疫情仍没有受控。当中国经济在进行 V 形反弹之时，许多跨国公司发觉其在全球的业务中，中国是它们唯一或非常少有的表现良好的市场。这些公司的 CEO 意识到，中国市场的重要性事实上反而随着疫情的发展变得愈来愈重要。许多外资品牌积极适应、参与到中国充满活力的市场中来。数据显示，2020 年有 2.5 万海外商家参加天猫"双 11"活动，而天猫国际上成交额超百万的新品牌数同比激增 92%。

其中一些跨国公司在中国建立新厂或研发中心，或进行了相关的并购行动。例如埃克森美孚于 2020 年年初原本决定推迟部分市场的投资，却于 4 月 22 日在广东惠州开工总投资为 100 亿美元的乙烯项目；大众汽车于 2020 年 9 月 28 日宣布，计划在未来四年与旗下的合资企业上汽大众、一汽大众和江淮大众共同投资约 150 亿欧元用于电动汽车领域，并于 2025 年前实现 15 款新能源车型的本土化生产；霍尼韦尔更是在疫情集中暴发的 2020 年 1 月与武汉东湖高新区就霍尼韦尔新兴市场总部与创新中心项目签约，并于 5 月 19 日举行成立仪式；零售领域的巨头沃尔玛于 2020 年 4 月 8 日宣布未来 5 年将在武汉投资 30 亿元人民币；雀巢亦于 2020 年 5 月宣布在天津增资 7.3 亿元人民币，旨在新建其在亚洲的首条植物基产品生产线。

跨国企业的诸多决定，无不透露着它们对中国市场的强大信心。

那些通过复杂和庞大集群形成的供应链（如智能手机、平板电脑、IoT 产品等）需要的能力很多，对整合能力要求很高，各地对它的黏性很高。就在 2020 年的 10 月，中国集成电路、家电、手机和电脑出口增速分别达到了 14.7%、14.1%、8.9% 和 8.4%，增长强劲。事实上，中国外贸的整体数据在这段时期持续攀升，说明供应链根本没有在"去中国化"。自 2020 年 6 月开始，中国外贸进出口额连续 5 个月实现正增长，出口额在前 10 个月更是达到了 14.33 万亿元人民币，较 2019 年同期增长 2.4%。

在政策、消费变化和升级及科技等三大因素驱动之下，跨国公司发觉其所处的中国场景正在经历着快速和巨大的变化。

过去跨国公司在中国的打法很简单，它们将在其他国家行之有效的产品、服务和商业模式照搬过来就可以了。事实上，不少跨国公司通过这种打法在中国市场上尝到了不少甜头。

但是随着中国市场不断地变化，它们这种简单、粗糙的打法亦逐渐变得力不从心。特别是在过去十多年，中国在数字创新方面的发展速度令不少跨国公司非常惊讶，它们坦言有跟不上的感觉。

不少跨国公司在中国建立科研中心、创新中心，和中国科技公司进行合作或参与投资，吸收在中国产生的创新，以便加速发展，不少跨国公司的产品和商业模式逐步体现出这些创新投入的成果。

我所接触过的不少在华的外资高管都表达过类似的感受：在来中国之前，普遍认为他们来中国是来"教导"中国或中国员工的。到中国一段时间后，却发现更多是要从中国学习，学习中国的做事方法，尤其在创新方面。"从教导到学习"似乎是不少在华外资高管的心路变化历程。

中国对于创新方面的投入亦是不少。据官方统计，中国于2019年仅在研发上的总投入就达到了3240亿美元，约占总GDP的2.23%。同时，创新的构成亦在发生改变，从原本注重发表了多少篇论文、出版了多少本书籍、获得了什么学位和奖项的"纸上谈兵"，变成现在更加注重实践的"脚踏实地"。

在未来，技术和创新仍将是中国发展的主要目标。在"十四五"规划中，中国政府提出，将通过"实现关键核心技术的重大突破"于2035年基本实现社会主义现代化远景目标，进入创新型国家前列。

跨国公司的中国战略将会如何调整，这取决于公司领导层和董事会如何理解未来的世界秩序，特别是判断中国在其中的角色会如何转变和重构。

无论如何，对于西方商界而言，背后的道理是不言而喻的。中国不仅是一个极具增长潜力的庞大市场，更重要的是，中国正在成为未来科技商业应用创新的主要灵感发源地。如何最大化地利用这个平台获取前沿知识与尝试新的实践，对于西方企业乃至整个业界而言，是保持全球性企业长期竞争力至关重要的考量要素。

对于中国企业和投资者来说，跨国公司在华战略进入新阶段的时候，新的机会亦可能同时出现。不少跨国公司拥有不错的产品、品牌、研发和生产能力，以及管理和治理机制。本土公司通过与合适的跨国公司合作，甚至通过将其兼并，以中国乃至海外市场作为大平台，可以提升自身能力并创造更强的生态体系。

所以说，在快速变化的环境中，这些战略思考和部署对不少中国企业和投资者来说更有意义。

## 三、跨国公司对中国战略的重新审视

如果你是跨国公司的 CEO，公司在中国拥有巨大的业务量，那么过去的两年，你一定会遭遇许多困扰——从中美贸易摩擦、新冠肺炎疫情暴发、"脱钩"威胁，到美国对华为、中兴以及 TikTok 和微信的打压，毫无疑问，中美关系变得紧张。

然而，我们也见证了中国在某些方面取得的显著成绩。

首先，中国迅速控制疫情，成功扭转了经济衰退局面。2020年，经济增速从一季度的 -6.8%，增长到二季度的 3.2%，再到三季度的 4.9%。进出口增速从一季度和二季度的 -6.5% 和 -0.2% 上升到了三季度的 7.5%。

其次，外国公司尤其是美国公司不仅在中国驻扎，而且其中有许多公司事实上还在计划提高对华投资。上海美国商会的一份报告显示，78.6% 的在华美企"未改变其投资分配"，28.6% 的在华美企有计划提高对中国市场的投资。

最后，威胁封禁 TikTok 和微信的计划并没有进行，两项禁令都于 2020 年 9 月遭法院叫停。

不少 CEO 肯定已从各种渠道获取大量对华投资的建议，有积极的，也有消极的。然而，CEO 们看到的财务报告更能清楚说明一切。对于某些企业来说，中国是其业务运作情况最好的市场之一，或者说就是最好的市场。对于某些企业来说，尽管本国市场更加广阔，或者说最为广阔，但中国市场的发展速度却是最迅猛的。

对于另一部分企业来说，由于美国政府禁止向中国出口，企业遭受重创。总的来说，企业情况虽然各有不同，但中国市场对大多数企业的重要性并没有削减。

跨国公司的下一步行动取决于 CEO 们对未来的看法，尤其是对未来世界秩序将会如何发展的预判。换言之，在 CEO 们所预想的疫情后新世界秩序下，中国将扮演何种角色？应该将资本投在哪里，以什么方式以及投入多大？这些问题都需要基于中国正在发生的事实来进行判断。

### 中国的关键事实

纵览大量有关中国的资讯，让我们来分析某些关键事实。

事实 1：中国独特的发展模式萌生于中央政府在 20 世纪 80 年代所实施的一系列试验，这种发展模式对中国经济产生了重要的影响。即前文提到的三层模式，此处不再赘述。

同时，在二元经济结构中，国有企业供应公共产品的出发点不单单是经济效益，而民营企业亦可以利用这些产品为股东创造商业价值。两方面相结合，"三层二元结构"赋予了中国经济极大的弹性，而且这一结构还将继续发展和完善。

事实 2：中国民众对政府的支持度依然高涨。哈佛肯尼迪学院艾什中心（Harvard Kennedy School's Ash Center）的一项研究表明，中国民众对政府的整体满意度在 2016 年达到了 93.1%。其他知名研究也得出了同样的结果，其中包括 2021 年 5 月发布的爱德曼信任度调查报告（Edelman's Trust Barometer），报告显示，中国民众对政府的信任度自从 2020 年 1 月以来上升了 5%，达 95%。根据益普索集团（Ipsos）2020 年度全球幸福感调查报告，中国居民幸福指数达 93%，位列第一，在过去的 12 个月提升了 11%，而全球幸福感平均指数为 63%。

事实 3：就在美国宣布"美国第一"的口号之际，中国不断加快对世界开放的脚步。随着中国有关部门逐步取消和放宽外资在汽车行业和能源领域的所有权限制，特斯拉以及埃克森美孚和巴斯夫（BASF）等大型跨国能源公司相继在中国建设外资全资工厂。2020 年，英国电信运营商英国电信（BT）成为首家获取中国运营许可证的外资电信公司。巨大的金融市场也在逐渐开放，这促使全球最大的资产管理公司贝莱德于 2020 年 8 月在上海设立其全资互惠基金单位。

中国着重强调对外开放的承诺。在 2020 年 7 月给全球 CEO 委员会的回信中，习近平总书记承诺将为外国企业"提供更好的商业环境"，并强调"普惠、共赢的发展理念"，以促进中外企业间的交流。

事实 4：尽管局势逐渐紧张，但美国品牌依然受到中国消费者的喜爱。除特斯拉外，通用汽车通过其在中国的投资合伙人上汽集团，也得以在中国电动汽车市场占据主导地位。包括星巴克、耐克、肯德基在内的许多其他美国品牌也深受中国消费者青睐。

事实 5：自从美国将中国多家科技企业拉入"黑名单"起，中国在半导体芯片等领域的发展就面临巨大压力。不论大公司还是小公司，私企还是国企，都在尽力研发新技术以及促进技术的商业化。尽管许多类似尝试都以失败告终，但总有一小部分努力不会白费。此外，中国关于创新的概念正在逐渐升级，人们现在的关注点在于"实干"而非"纸上谈兵"。

事实 6：中国的中高收入群体绝对规模继续扩张，购买力不断提高。经济学人智库的资料显示，中国的中高收入群体人数到

2030 年将占总人口的 35%，而目前这一数字只为 10%——中高收入群体指年可支配收入超过 1 万美元的人群。

随着中高收入群体的扩张，这类消费者不仅活跃于沿海的一线大城市，还会逐渐向二三线城市迁移。科技正在重塑消费者行为。如今，许多消费者对大量的产品和服务有着购买欲望——无论国产还是非国产。同时，一些新的、更细的产品分类也在慢慢出现。

事实 7：中国数字经济的发展不断进化与加速。更多由科技引导的创新将在中国发芽，不仅会应用于"2C"（面向消费者），还会应用于"2B"（面向企业）以及"2G"（面向政府）。而且，这些创新不仅能应用于消费端，还适用于生产、供应链、业务软件以及智慧城市和基础设施建设。

**未来世界的三种情况**

很明显，世界秩序正在重构，而中美关系的走向将决定未来的世界秩序。人们普遍认为，在世界的发展进程中，中国会继续扮演重要角色，甚至是更为关键的角色。

我认为，未来的世界可能会出现三种情况，它们与国际关系、宏观经济以及美国企业的发展状况相联系，与美国企业的命运息息相关。

第一种情况，地域化孤立。随着美国孤立主义势头的高涨，中国企业将被迫退出美国市场，同时，作为回应，美国投资也会受到影响。科技领域以外的其他领域"脱钩"程度将继续扩大。中国消费者对美国品牌的态度也会变得越来越不一样，转而购买本国产品。

第二种情况，"一个世界，两种体系"。中美两国仍将是国际关系竞争对手，偶尔会在具体问题上有冲突，但大多数情况下它们还是会为了共同利益保持和谐稳定的关系。利益相关者会学习用对话方式化解争端，但两国在高科技领域的激烈竞争还会继续。然而，由于出口管制和其他政策措施，再加上两国在数字化基础设施建设的水准与复杂度上存在差异，中美两国将发展出两大科技体系，这两大体系会造成两国产品、服务和商业模式设计上的不同。在经济方面，中国会向外企开放市场，但同时也会制定严格的数据管理制度和安全政策。因此，外企要想通过用户数据获利，就不得不和政府合作。随着智能化和互联性对中国社会的日益渗透，无论中国品牌还是美国品牌，只要能为消费者带来符合它们需求的数字化体验，都能吸引消费者。

第三种情况，"合作竞争"。尽管中美两国在全球治理的某些领域相互合作，但两国仍是竞争对手。在高科技领域，两国可能会继续保持既竞争又合作的关系。同时，随着中国经济在全球化浪潮中的发展，以及在全球供应链中角色的升级，中国将扩大对外国企业的市场准入，并在全球数据治理过程中，根据公认的管理原则行使数据主权。企业的产品、服务和商业模式会有更多机会出口到国外——可能核心技术相关产品除外。同样，为了实现数字货币化和互联性，企业需要同监管机构合作，符合消费者需求、为消费者带来数字体验的品牌同样会吸引消费者。

显然，未来世界会是哪种情况，取决于企业根据不同资讯所做出的判断。

这当然也取决于现实的变化。就目前而言，我们认为，第一种情况"区域化孤立"发生的可能性最小，但绝不是毫无可能。第二种情况"一个世界，两种体系"在短期内最有可能发生，特别是对技术参与的情况来说。然而，我们认为，完全"脱钩"是不太可能甚至是完全不可能出现的。第三种情况"合作竞争"很有可能会在中期出现，或许一开始竞争较多，但随着时间的推移，合作会占据上风。

### 中国战略至关重要

跨国企业领导者对中国战略的选择，很大程度上取决于对上述几种情况的把握，即哪种情况最有可能出现。当然，公司背景不同——国籍、行业、在价值链中所扮演的角色等条件不同，各自的策略选择也会不同。

许多企业的 CEO 已经将两项任务提上日程：一个是中国战略的选择，另一个是判断中国在后疫情时代所扮演的角色。随着各种新事物的出现，大环境正在发生变化。中美关系存在诸多不确定性，但中国对全球企业未来的经济发展以及竞争性定位的重要性将会提高。我们认为，未来最可能出现的情况是，中国不会与西方世界完全"脱钩"，而是更加坚定地顺应全球化潮流，坚持多边主义。而且，通过其独特的"三层二元结构"发展模式，中国将继续取得重大进展，特别是在创新、技术、基础设施建设、环境治理以及人民整体生活水准等关键领域。

对于许多公司来说，正确判断世界未来形势并制定中国战略，将决定它们在世界上的长期竞争性定位，甚至决定企业生死。

## 四、中国成为创新灵感源泉

2020 年，中国成为全球最大外国直接投资国，首次超过美国成为世界第一。联合国贸易和发展会议上的一份报告显示，2020 年美国的 FDI 骤降 49%，下降至 1340 亿美元。然而，2020 年中国的 FDI 却增长了 4%，增长至 1630 亿美元。

一些观察者表示，疫情是导致美国 FDI 下降的原因，但中国经济迅猛发展，使得外国投资大幅增加。中国也是 2020 年唯一实现正增长的主要经济体，增幅达到了 2.3%。

### 美国政府各种施压并不会改变中国经济韧性

特朗普执政期间，美国政府曾从多方面向中国施压，使用贸易摩擦、中美技术战甚至是经济"脱钩"等手段，将中国多家企业拉入"实体清单"，还威胁要在美国禁用 TikTok、微信等类似软件。

然而，这些手段并不足以改变中国经济的韧性，这种韧性得益于中国独特的治理模式——中央政府自上而下进行高效的统筹规划，创业阶层充满活力与创新力。地方政府执行中央政策的同时，助力企业（包括初创企业）蓬勃发展，成为中央政府和创业阶层之间的纽带。

中国的二元企业结构进一步提高了这种治理模式的效能。国有企业担负了大部分的社会责任，负责关键基础设施建设等重大公共品的实施与提供，为民营企业的创新和发展奠定了良好基础。

中国继续支持多边主义和全球化，这些原则是全球经济和人类社会积极发展的根本。所以虽然特朗普政府坚持保护主义，但中国仍然继续改革，并对外开放市场。

据《中国日报》报导，大众汽车 CEO 赫伯特·迪斯（Herbert Diess）曾表示，"外资在中国投资要比中国企业在德国或其他地方投资更容易"。

中国做出改变最大的应该是金融服务业。除前文提到的贝莱德集团、贝宝外，先锋领航投资管理公司（Vanguard）也计划将其亚洲区总部迁至上海。2021 年 1 月，高盛集团收购了中国合资伙伴的全部股份，摩根大通在 2020 年 11 月就做出了相同的举措。

对于外资企业来说，中国已经成为获取创新灵感和学习创新知识的主要源泉，也是在国际市场上取得竞争优势的关键因素，特别是在供应链和商业模式扩展方面。中国海关数据显示，2020 年中国出口额增长率从 2019 年的 0.5% 猛增至 3.6%，这也佐证了中国供应链所具有的强大韧性。

**中国在技术推动下以前所未有的速度高速发展**

在人工智能、云计算与大数据分析等颠覆性技术的推动下，中国的数字化创新也在以前所未有的速度高速发展，影响着各行各业。

例如，在汽车领域，新能源汽车、互联和自动驾驶技术都在发生着重大的变革，这些变革不仅体现在硬件方面，而且出现在软件和商业模式领域。

这些变革的背后是中国政府建设的庞大数字化基础设施的支持，这也是国内外从业者们都必须使用的关键杠杆。例如，中国的汽车厂商在互联和智能汽车的设计工作中，可以充分利用数字化基础设施内置的 V2X 功能（即车与外界进行百分百的互联）。

在服务模式上，厂商也有不少的创新，丰富了客户体验，提高了资产利用率，增加了用户黏着度，并推动了价值链的转型和变革。

在面向消费者的领域中，社交电商在中国的影响尤为突出。关键意见领袖以文字或视频（比如直播）的方式展现他们的专业度，以此和他们的关注者建立联系，与消费者进行高效的社会化互动。消费者的整体购物体验也因此发生革命性的变化。抖音、哔哩哔哩、快手等应用程序在中国成为流行时尚，国内外企业都在追赶创新潮流，以提高销量并建立品牌亲和力。

### 西方企业效仿中国

世界其他地区的一些公司也开始根据中国模式来调整自己的商业模式。例如有"尼日利亚阿里巴巴"之称的 Konga.com，以及韩国一款类似于支付宝的移动支付服务 KakaoPay。

如今，就连西方一些企业巨头也在效仿中国。TikTok 广受欢迎，促使脸书不止一次试图模仿 TikTok，包括之前已经宣告失败的"Lasso"和最新推出的"Instagram Reels"。事实上，脸书试图模仿的是 TikTok 所采用的"超级应用"商业模式——这种模式通过并购新的竞争者，并将用户保持在它们的生态系统中，在中国大受欢迎。

外资跨国公司逐渐意识到，中国不仅是一个可以赚取利润的市场，也在逐渐成为企业获取新知识与竞争力的新天地。

无论美国的 FDI 会何去何从，除非有巨大的"黑天鹅"事件出现，中国的 FDI 应该会持续增长。

# 五、中国创新的影响将持续蔓延

在美国政府限制向中国输出高端半导体芯片等核心技术的背景下，推动中国承诺要打造自己的核心技术能力。

### 中央和地方政府推出数百项政策支持产业发展

在 2020 年，2276 亿元人民币（约 350.2 亿美元）涌入中国半导体产业，较 2019 年暴增 407%。同时，中央和地方政府推出数百项政策并设立引导基金来支持该产业的发展，在该领域的风险投资也比 2019 年增加了两倍之多。

汽车行业则是另一个正在被创新重塑的行业。新能源汽车、人工智能、智慧互联和移动出行方面的变革同时迸发，给行业带来了颠覆性的变化。中国诸多城市也在积极进行各类自动驾驶试验。

在消费者领域，互联网持续推动不同形式的创新。如今，社交型电商已然成为一个重要渠道，让公司得以跟上由创新技术（如 5G 和人工智能）带来的消费者需求及商业模式的变化，并同时提供定制化及交互式的服务。

**全面提升制造能力增强全球竞争力**

中国早前宣布了一项全面计划，到 2025 年全面提升制造能力，以增强其在全球的竞争力。对先进制造业的重视仍然是中国第十四个五年规划（2021—2025）中不可或缺的一部分，目的是在 5 年内解决其在关键零件、材料、软件和基础支撑等方面的弱点，同时开发先进的制造技术，建设更具创新性、有更高附加值的工业价值链，增强竞争力。

2020 年 9 月，习近平总书记宣布中国将致力于在 2060 年实现碳中和。鉴于中国的经济规模和以往对化石能源的依赖，这是一个郑重的承诺。正如习近平总书记呼吁所有其他国家支持全球可持续发展一样，中国也表明正在加速解决这个长期以来对世界构成重大挑战的问题。

中国政府在 2020 年年底完成消除绝对贫困的艰巨任务的同时，成立了国家乡村振兴局，进一步巩固和扩大国家在脱贫方面的成就。国家乡村振兴局的成立，旨在通过动态的监管和援助机制来防止脱贫人口返贫。此外，政府将继续改善移民安置区的基础设施，并提高这部分人群自给自足的能力。

## 持续改革转型助推可观经济增长

这些重大的政府举措与倡议表明，中国将继续其改革和转型的道路，长此以往将带来可观的经济增长。

当世界上大多数地区仍在遭受新冠肺炎疫情的困扰时，中国率先从疫情中恢复的态势显得尤为亮眼。许多外国跨国公司在中国的处境相比于其他地区就显得比较好。

自互联网在中国流行以来，中国的创新者就开始大量涌现，然而大多数外国跨国公司当时并不相信中国具有创新的能力，忽略了这个现象，没有充分享受中国创新带来的红利。直到今天，中国的创新已经成为一种普遍现象。

可喜的是，当大多数跨国公司意识到中国创新的巨大影响力时，其中有不少公司已开始思考有什么是可以向中国创新者学习的，以及应该如何学习。

## 大型跨国企业因地制宜开展业务

大型的跨国企业现在已经意识到，在世界不同地区开展业务需要因地制宜，尤其是在中国与西方之间既存在不少相同之处亦同时存在诸多差异的情况下。企业经营的方式没有客观的对与错，只是不同的场景具有截然不同的条件。

通往最终目标往往不会只有一条道路。跨国公司在中国的经历和反思，为世界其他地区的政客和他们的说客们如何看待中国与世界提供了很好的参考。

## 六、国外品牌能否继续在中国市场生存？

在中国消费者纷纷抵制诸如 H&M、耐克等国际品牌的时候，中国的本土运动服装品牌是否可以借机崛起、反超国外品牌？

一些观察者认为，中国消费者正在避免购买外国品牌，致使本土品牌目前占了上风。有人说外国品牌在中国已然没有机会了，应该迅速撤离中国市场。那么，外国品牌在中国究竟还有没有未来？

### 中外品牌激烈竞争

中国的运动服装市场，和中国其他消费品市场一样，可以说是全球发展最快且竞争最为激烈的市场之一。长期以来，许多外国品牌和本土品牌展开了强有力的角逐。

很长一段时间，国外品牌在这场竞争中一直处于领先地位，尤其是耐克、阿迪达斯等大品牌。然而，这些年来，本土品牌正在迎头赶上，逐渐缩小两个阵营之间的差距，本土品牌得到了进一步的提振。例如，李宁在香港证券交易所的股价在 2021 年 3 月 25 日飙升了约 10%，而安踏的股价也上涨了约 7.8%。安踏集团 2020 年的企业财报显示，该集团 2020 年实现净利润 7.94 亿美元，首次超过阿迪达斯 5.04 亿美元的净利润。

本土品牌在运动服装领域获得了一个增加市场份额的机会。但是，中国本土品牌和外国品牌之间真正的较量的结果是什么呢？我们不妨看看其他一些领域。

在汽车领域，一方面，外国品牌，特别是德国和日本的品牌一直以来都占据着高端市场的主导地位。凯迪拉克和林肯等美国品牌也不断扩大在高端市场的业务。另一方面，本土品牌主导着中低端市场，但一些外国品牌也相当活跃。

在电动汽车领域，美国品牌特斯拉是行业领跑者，蔚来、小鹏、理想等中国造车新势力都试图分得一杯羹。同时，无论是现有的外资还是本土汽车制造商都在涉足电动汽车领域。互联网巨头小米和百度，移动出行服务商滴滴，代工厂富士康，房地产开发商恒大亦纷纷加入了竞争之列。电动汽车市场的竞争注定会愈来愈激烈，到目前为止，中国新的汽车行业还没有明确的赢家。

在智能手机领域，本土品牌小米、OPPO、ViVo 则占市场最高份额。因美国制裁而受到严重打击的华为，市场份额虽然遭受明显下降，但仍受中国消费者的喜爱。外资品牌中，苹果也仍然深受中国消费者的欢迎，尤其是在高端手机市场。

在化妆品领域，娇兰、香奈儿和兰蔻等西方品牌多年来一直占据高档和豪华化妆品市场的主导地位，约占化妆品整体市场的50%。资生堂等日本品牌和雪花秀等韩国品牌在中端市场也相当受欢迎。而在中低端市场，包括百雀羚、完美日记和佰草集在内的本土品牌近年来也取得了较快增长。腾讯和凯度在2019年5月发布的联合报告显示，本土化妆品产品占中低端市场的56%。

在家电领域，中国品牌目前占优势地位。例如美的、格力和海尔等领先者皆是本土品牌。然而，外国品牌戴森凭借其创新的形象和在中国的良好声誉，在中国市场上独树一帜。

### 消费模式改变造就中国品牌

毫无疑问，中国品牌的质量和数量在近些年来都取得了长足的进步。总体而言，现有的品牌变得更具竞争力，而新兴品牌则层出不穷，有些品牌中途没落，但有些品牌则成长为强有力的市场领导者。它们逐渐摆脱低质廉价的形象，建立起各自的品牌定位。

品牌及市场咨询公司铂慧（Prophet）发布的品牌相关性指数等调查显示，近年来，消费者对本土品牌的偏好明显高于国际品牌。在2019年其发布的品牌相关性指数调查中，前十大消费者最离不开的品牌中有7个是本土品牌。而10年前类似的调查显示，前十大品牌即使不是全部，绝大多数也都是外国品牌。

中国的消费者亦在演变。随着消费者收入的增加，他们愈来愈注重健康、生活方式和生活质量，尤其是对于居住在一线城市的人们而言；随着接触世界变得愈来愈容易，消费者的知识面也愈来愈广，亦日趋自信。随着中国消费者愈来愈趋向数字化，对于想要与目标消费者建立联系的品牌方而言，其进入市场的策略也变得愈来愈重要。例如，社交电商已然成为一种重要的连接渠道。

中国品牌的营运商往往因为更加了解中国消费者的喜好变化而引领潮流。外国品牌一般较为滞后而往往需要追赶。某些评论者认为，中国消费者看重的民族感情在品牌偏好中扮演着重要角色。这看法可能有些道理，但如果假定这是影响中国消费者品牌选择的唯一或主导因素，那就过于简单化了。然而，现实之中，经常有失败或落后的外国品牌的管理者，以此为败给本土品牌的借口。

对企业高管来说，"客户至上"极为重要，是做生意的基本宗旨。如今，国际关系已经渗透到商业领域的方方面面，CEO需在战略决策过程中有更清晰的思路。任何违背基本宗旨的决定都必须在利弊之间明确权衡。所以，我们必须回到商业的本质上来。在中国胜出的品牌，是那些了解消费者快速发展的需求，能够预见并正确解读中国政府政策，以及了解技术发展将如何影响需求方和供给方的品牌。

除此之外，对企业尤为重要的是，更好地理解如何与目标消费者进行沟通，并且与不断发展的消费需求和技术变革相适应。具备数字化思维和方法愈来愈成为企业决胜之道的关键。在这方面，不少外国企业往往落后于本土企业，它们必须更准确地把握市场的脉搏，以避免在各方面的落后。

最终在中国获胜的品牌，将愈来愈多属于那些能够最多把握成功关键因素，同时确保不触碰中国消费者底线的公司。能做到这些取决于企业在中国的能力，同时，公司的领导层也起着重要作用。

归根结底，品牌是外国的还是本地的，并不是决定其在中国商业成功的最主要因素。

## 七、不容轻视的中国市场

如今，许多跨国公司都心系中国的发展。中国已经成为许多跨国公司的重要市场之一，甚至是最重要的市场。

有一部分公司刚刚进入中国的市场，另一部分在中国已经经营一段时间并继续扩大中国的业务。这些公司正在尝试用不同的方式把握住中国市场发展的机遇，其中一些公司正在思考下一步该如何进行。

**开放使外国企业与中国企业享有同等权益**

中国的经济并未因新冠肺炎疫情的影响而停滞不前，反而是不断地发展。虽然经历了疫情，但 2020 年中国 GDP 仍然增长了 2.3%。而在 2021 年第一季度同比增长了 18.3%，表明中国经济的强劲复苏。2021 年全年的 GDP 增长率高达 8.1%。2020 年的外国直接投资流入额为 1630 亿美元，是当年世界各国之中最高的数字，中国的对外贸易也保持活跃。2020 年与美国的双边贸易额飙升至 6595 亿美元，与欧盟的双边贸易额也达到了 7100 亿美元。

一个重大的改革里程碑是 2019 年 3 月颁布的《外商投资法》，该法使外国企业在许多方面与国内同行享有同等的权益。另一项具有里程碑意义的改革，是 2020 年 9 月公布的不可靠实体名单，该名单保护了各类市场实体的合法权益。此外，与 2019 年版相比，国家负面清单削减了 17.5% 的限制性措施。这些政策都清楚地表明了中国在不断努力减少对外国公司的限制。

**参与中国创新，是机遇也是挑战**

"十四五"规划提出，实现高质量发展将是中国现阶段至 2025 年的首要任务，这使得"自主创新"和"科技自立自强"变得更为关键。被多次强调的先进制造，将用于解决关键部件、材料、软件和基础支撑等方面的问题，同时官方鼓励各方开发更具创新性和竞争力的价值链，以及在重点领域具有更高附加值的内容，从而完成整个系统内外部的协同。

此外，中国 2035 年远景还提出了未来 15 年的社会和经济发展目标，旨在 2035 年中国基本实现社会主义现代化。远景规划的其他主要特点还包括：继续深入完善城镇化战略，进一步加强与东盟、"一带一路"参与国家以及其他经济体的区域贸易和投资伙伴关系。

中国于 2060 年实现碳中和的目标是雄心勃勃而且极具挑战性的。这需要与许多利益相关者形成密切合作。

在疫情期间，中国出现了一系列新的商业模式。上述重大举措必然将带来更多全方位的重大机遇，而对某些企业来说，亦会带来潜在的压力。

随着中国市场的扩大，中国正在加速开放。适当的政策和中国企业日益增长的创造力，共同创造了可谓世界上最具竞争力的经济体。随着创新的不断快速推进，对于外资跨国公司而言，参与中国的创新博弈既是机遇，也是挑战。机遇是指创新意味着能够创造新的价值，而挑战是指其他人亦会创新。跨国公司以前复制本国产品，在中国市场进行"粘贴"的做法已经行不通了，现在正试图为中国客户量身定制产品。这种变化就表明它们已经意识到需要向中国学习，提高创新的动力。

绝大多数跨国公司不能忽视中国，这已经是老生常谈了。如今更是如此，正如我在前文多次提到的，在跨国公司的全球价值链中，中国占据至关重要的地位，其不仅是市场和供应基地，亦是知识和思想的灵感源泉。

### 考验跨国公司的睿智和技巧

　　展望未来，中国采取的一系列重大举措正在为本地及海外企业提供更多创造的机会。但想要抓住市场带来的机会，跨国公司更需要以适应中国的方式发展，并深入了解相关风险的来源、表现形式以及解决方法。

　　跨国公司进行市场决策时需要了解，中国市场同其他市场一样有自己不可逾越的"红线"，它们需要更加谨慎仔细地考虑这些"红线"带来的影响。国际关系风险带来的影响日趋明显，跨国公司的 CEO 想要做出更有效的战略决策，则需要更多清晰的思考。

　　跨国公司需要关注并且洞悉不断变化的消费者需求以及科技发展，与其目标消费者保持持续的沟通。跨国公司想要在中国市场成为赢家，关键因素则是数字化的战略思维和方法。最后的品牌赢家需要在不触及中国消费者"红线"的同时，在其他各方面做到极致，这也是对外国公司关于中国特色理解的综合考验。

　　国际关系将影响未来全球化与逆全球化的相互作用和演变，

也将影响中国在此过程中发挥的作用。对于在中国运营的跨国公司，或者是对于将中国市场作为全球核心战略的跨国公司来说，国际关系对全球治理、科学技术、数据主权问题和当地生产要求等一系列问题都会产生重大影响。这些都是在其战略计划中亟待解决及体现的。

跨国公司在应对不同的风险和熟知中国"红线"的同时，亦需要采取不同的方法来抓住中国市场的发展机遇。跨国公司想要在全球范围内保持其重要地位，就必须对其战略和采取的措施进行正确的战略评估。中国为跨国公司提供了巨大的发展空间，如果跨国公司希望升级它们的中国战略，也同样需要具有更多的睿智和技巧。

## 八、跨国公司在中国的核心战略问题

随着中国经济的不断发展，中国在国际贸易、全球供应链以及全球范围内正扮演更加重要的角色。世界不同地区的许多国家目前正经历多维度的重大变化，这带来了极大的不确定性和不可预测性。

对于许多在中国开展业务的外国跨国公司而言，它们期望中国市场的上升潜力会保持增长，同时中国作为全球供应基地将变得更加重要。中国美国商会在 2021 年进行的调查显示，有 75%

的公司对中国未来两年的市场增长和经济复苏持乐观态度。此外，有 61% 的公司将中国视为优先投资地，并对中国进一步向外国投资开放充满信心。

### 中国追求技术自力更生

许多跨国公司都在试图理解中国政府最新政策的真正含义，例如"十四五"规划和 2035 年远景目标。

"十四五"规划强调，创新与科技的自立自强，并以科技进步推动高质量发展。美国政府对某些高端半导体芯片等核心技术产品向中国出口的限制，触发了中国追求技术自力更生的决心。

半导体行业领先的芯片设备制造商 ASML 的行政总裁温宁克就表示："如果你采取出口管制措施，将中国人拒之门外，你将迫使他们争取技术主权而进行自我研发。他们将在 15 年的时间里，进行自我研发，并将取得真正的技术主权，届时市场（对于欧洲供应商）将不复存在。"

"十四五"规划中提出了"双循环"经济战略，将推动国内市场和海外市场的同步发展，两者将相辅相成。加速国内本土市场的生产、分配和消费的增长将成为推动技术创新、扩大国内本土供应链的驱动力，同时也有助于巩固中国在全球价值链中的地位。

## 外企投资中国面对九大考量

随着中国市场的扩大，中国正在加速开放。政府的支持政策和中国企业日益增长的创造力，共同创造了可谓世界上最具竞争力的经济体。在中国，竞争与合作的交互将愈来愈密集，且今后将保持此热闹态势。

尽管美国以"国家安全"为由对华为、中兴和其他一些中国科技公司实施了制裁，但迄今为止，中国尚未以类似方式制裁美国或其他西方科技公司。2020 年 7 月，国家主席习近平向 18 家跨国公司的 CEO 回信，强调中国欢迎外资跨国公司留在中国，并鼓励它们继续在华经营。

对于全球跨国公司来说，面对当下不断变化的环境，它们提出了一系列全新的问题和考虑：

1. 在某些特定行业的市场准入方面，正在发生哪些明确而显著或含蓄的变化？

2. 不断演变的国际关系对在华经营的跨国公司意味着什么？例如，中美将在多大程度上"脱钩"以及如何"脱钩"？

3. 什么是中国的"红线"，即跨国公司在中国必须遵守的规则是什么？

4. 新的贸易协定，如《区域全面经济伙伴关系协定》和

《中欧全面投资协定》将如何改变中国作为供应链枢纽的市场结构?

5. 科技自主对跨国公司在中国的经营有什么影响?

6. 如何解决数据主权问题?

7. 未来将会出现什么样的场景,跨国公司将如何分析这些场景并做出适当的战略决策?

8. 不断变化的世界格局将会如何影响跨国公司在中国的布局以及它们经营的全球供应链?

9. 在不断变化的背景下,跨国公司该如何重新定义其在中国的公司的组织结构,以及与其他公司及组织的关系?

## 跨国公司与中国团队存在差异

在很多情况下,跨国公司在华的组织结构以及与其他公司的关系,在很久之前就形成并建立了,但随着商业格局和商业规则的变化,这些方面亦应随之而改变。

许多跨国公司相信中国在世界上的影响力仍将继续扩大,因而它们需要谨慎对待国际关系以及相关政策颁布等外部因素所引发的问题。企业战略者需要设想并制定切实可行的方案,从而做出正确的战略决策。但是跨国公司的全球总部和中国团队之间,经常存在着巨大的知识脱节和资讯不对称。

在了解发展大格局之余,跨国公司需要问自己,是否应该在中国加大投资，以及如何在中国扩大投资。在极端的情况下，对于那些觉得自己在中国没有发展前景的跨国公司，也需要了解应否以及如何退出中国市场，而退出中国市场也是一个极其困难的决定。

　　跨国公司在防范风险和保持增长的同时，需要更多的睿智和技巧去解决其在中国的问题。中国不仅是一个简单的市场或者全球供应基地，而且已经成为一个产生企业战略最新思想和制度化的平台。在中国运营的跨国公司能够因此发现并获得其全球的竞争优势。

## 九、理解"双循环"政策对企业至关重要

　　2020 年 5 月 14 日，中共中央政治局常委会会议首次提出了"双循环"概念，同年 10 月，该政策被纳入中国"十四五"规划（2021—2025）的提案之中。

　　就我所知，许多企业非常关注中国提出的"双循环"经济政策的含义及其对于企业产生的影响。

　　简单来说，"双循环"发展战略旨在推动国内与国际市场相互促进、共同发展的新格局，其主要以促进国内生产、分配和消费的增长作为经济增长的主要动力，同时促进科技创新，扩大国内供应链，从而不断提升中国在全球供应链中的地位。

## "双循环"产生的背景

"双循环"政策是在以下两个重要背景之下制定并推出的:

首先,由于中美之间的贸易分歧,导致全球贸易扭曲,之后新冠肺炎疫情暴发带来不利影响。全球的普遍预期是国际贸易格局将继续有所改变。

其次,中国内需将持续保持增长。国家发改委2022年5月的数据显示,中国的中等收入群体人数已达4亿。不仅中等收入群体的人口数量可能会继续增长,其消费模式也会不断升级,从而产生对更为新颖的产品的需求。由于不同因素的综合作用,中国内需增长强劲,其中最重要的是中国相应出台了一系列具体的政策。

实际上,消费已成为中国经济中愈来愈重要的一部分。根据国家统计局的数据,截至2020年年底,最终消费支出已占中国GDP比重的54.3%,该数据在过去10年内,增长了10个百分点。同时,中国对于新冠肺炎疫情的有效控制,推动了国内消费需求的快速复苏。

目前,中国政府的工作重点是刺激国内消费,推动高质量发展,深入推进供给侧结构性改革和提质升级。

在扩大内需和消费升级方面,政策内容主要涉及新能源汽车、碳中和、公共卫生、乡村振兴与大型区域城市群发展等领域。崭新的需求模式正在催生演变,经济格局亦随之改变。

在供给侧改革方面，中国将继续推动对一些产业过剩产能的必要整合。得益于技术和创新在不同行业的日益普及，中国的供应链正不断升级，这亦加强了中国作为全球供应链主要枢纽的重要地位。

随着中国供应链能力的提升，以及应对不断变化的需求模式的韧性增强，其作为全球出口基地的地位得以进一步提高。同时，农产品、原材料、高端零部件、精密机械、高端医疗器械与奢侈品等进口需求增长迅猛，使中国成为海外供应商的主要市场。

### 中国成为全球商业创新中心

在全球化 2.0 时代，中国将继续成为全球供应链的重心，并将成为整个世界的一个主要市场。

全球化 2.0 很有可能是未来发展的主要趋势，但经济、科技和国际关系等因素却会在一定程度上"拉后腿"，使得供应链的区域化和本土化不可避免。在新一波全球化开展之余，"去全球化"亦会展开，它们之间的相互作用将碰撞出一些新的发展形式。其中一部分是人们所期待的，另一部分则相反。

无论如何，中国在全球范围内将扮演更加重要的角色。对于许多企业而言，中国作为主要市场抑或作为全球或区域供应基地的重要性将会加强。然而，中国整体大环境的快速变化，尤其是在政策和竞争格局上的变化，使得那些已经在中国立足的企业仍需要砥砺前行。它们过去赖以成功的打法在明天未必一样可行。

中国已经逐渐成为全球商业创新的中心。中国创新的节奏和强度令人赞叹，这意味着企业想要脱颖而出，必须具有创新性。

对于外企而言，关键的问题在于如何对中国的业务进行组织和战略上的相关调整，并且调整其全球战略，将中国视为发展的核心。它们在快速变化的商业环境之中，是否具备持续性转型能力至关重要。

对于中国企业而言，发展的关键在于不断提高自身的整体能力，并且跑到创新曲线的前端。对于部分企业来说，需要培养更加国际化的能力。

"双循环"政策并非意味着中国将会对外资关闭国门或驱逐它们离开。相反，该政策意味着中国将会成为一个更加开放的经济体，将会给外资企业和民营企业带来更多的市场机会。事实上，这也是中国政府不断加强其全球化和多边主义定位的关键机制。无论外企还是中国本土企业，都需要快速调整它们的组织和战略来适应新的变化。

# 十、共同富裕政策对企业的意义

2021 年 8 月 17 日，习近平总书记在召开中央财经委员会第十次会议中提出促进"共同富裕"。他在会上强调，共同富裕是社会主义的本质要求，是中国特色现代化的重要特征，要坚持以人民为中心的发展思想，在高质量发展中促进共同富裕。

这是一个明确的信号，表明相关政策从改革收入分配，推进教育、医疗、养老与住房等基本公共服务均等化，到反垄断和强调资本发展的规范性，以及将共同富裕的范围从物质领域扩展到精神领域。当前的重点可能是通过收入分配改革来加强民生建设，如初次分配的劳动者保护、再分配政策的社会保障问题、三次分配体系的建设都将继续推进。

### 共同富裕的新投资机遇

许多人都在讨论共同富裕新政策的影响，特别是对投资领域的影响。中信建投证券发布的《共同富裕系列报告》提出，共同富裕带来的新投资机遇在以下几个方面：

国家将更多资源倾斜于贫困、落后地区的基础设施建设和升级，重点关注互联网硬件软件及数字经济；为高端制造业和专精特新中小企业创造更多增长机会，尤其是信息技术、新能源、生物医药等科技产业；为人民提供更多优质的教育、医疗、养老等公共服务；增加人民的收入渠道，通过包括三次分配，促进基金会、慈善机构的发展，以及更多长期的财富管理方式，为资本市场带来长期增量资金，从而有利于股债和券商、保险等行业；升级消费水平，促进具备品质改善的消费品，以及文化、传媒、体育、休闲等服务业的增长机会。

显然，这些新政策将会改变许多企业的经营环境，本土公司和外国公司也需要正确地评估自身是否需要制定以及如何制定新战略来应对这些变化。

共同富裕的关键目标是，将社会结构从金字塔形结构重塑为中间大、两头小的橄榄形分配结构。在这种分配结构中，中等收入群体占比最多。这也意味着社会平均收入将会持续增加。亦可预见，人民对于许多产品和服务的需求将持续增长，人民将迎来更好的健康保障和更高品质的生活方式。

## 企业策略必须考虑社会影响力

随着共同富裕的提出，集体利益的重要性亦会提高，尽管此重要性不一定会超过合法的个人利益。但是企业在继续追求个体利益的同时，也必须注意新局面下，企业的"红线"已经被重新划定，即防止企业过度垄断市场、违反数据安全法、扭曲社会价值观，企业必须为年青一代提供更均衡的发展环境，为员工提供基本福利等。

追求共同富裕，从最根本的层面来说，就是希望所有企业都能更好地照顾员工，提供更多的福利和更合理的工作时间。为此，汽车制造商吉利公司已经提出计划向员工发行 3.5 亿股新股（占总股本的 3.56%）。

社会影响力与贡献值将成为企业越发重要的考虑因素。企业和投资者必须更加重视 ESG（环境、社会、公司治理）和社会责任。

企业的增长重心也将发生转移。过去十年，消费互联网以及大型平台在中国创造了巨大的影响，接下来中国的发展重点将会转移到"硬科技"、制造业、生命科学、新能源、环境、可持续发展、工业互联网与农业等领域。除此之外，为新兴中等收入群体提供的服务将变得更加普遍，可以预期，这些领域在适当的时机会出现更多的创新。同时，企业履行新的数据安全法至关重要。

### 共建具有中国特色的现代化

共同富裕政策与其他关键政策举措，事实上是一致的，包括"双循环"经济政策、努力实现自主技术创新、建设区域性城市群和乡村振兴、启动中央银行数字货币与到 2060 年实现碳中和等大政方针。它们共同构成了中国对"有中国特色的现代化"的追求。

因此，许多行业的公司都需要解决一些自身基础的问题。例如，跨国制造企业需要决定，它们的制造和供应链环节中有多少应转移到中国或从中国转移出去；半导体行业受到国际关系和各国政策变化的影响，需要决定如何在新的全球产业结构中进行重新定位。在中国创造和收集数据的外国公司必须采取符合中国数据安全法的方式，同时亦要满足本国的数据安全要求。

政策出台还有一些更深刻的影响——一些业务的本质将在一定程度上发生改变。例如，随着服务于公共领域的智慧城市建设在中国各地陆续开展，诸多行业的商业模式需要与公共数字化基础设施进一步深度融合。对某些行业来说，其中的民营企业以后将不再是简单地自行确定战略和运营策略，它们很可能需要与公共部门紧密协调和合作。智能网联汽车、移动出行、数字健康、智慧能源和现代农业等领域就属于这一类。

更多 PPP 模式将涌现，更多包括政府、国有企业和民营企业的生态系统将被建立。企业必须认真审视，它们现有的在中国与其合作伙伴的关系是否需要进行重构。

中国追求共同富裕的目标是一项巨大的社会事业，这亦将在许多方面改变游戏规则。如果落实得好，随着时间的推移，将意味着为更平衡和可持续的增长奠定基础，并可能出现对世界其他地区产生重大影响的变革。这将对在中国经营的各种类型的企业均产生影响。至少它们需要遵守新的政策和法规。更有甚者，某些业务的基本属性将被重新定义。

正因为影响如此巨大，企业需要从根本上重新考虑它们的战略，而对于跨国企业来说，这也可能对其在世界其他地区的运营产生深远的影响。

# 十一、数据安全成为企业的核心问题

众所周知，中国已逐渐发展成为世界主要的数字经济体。截至 2021 年 12 月，中国互联网用户规模达 10.32 亿人，较 2020 年 12 月增长 4296 万人，互联网普及率达 73%。

现在，微信的每月活跃用户数已超过 12 亿人次，抖音的每日活跃用户已超过 6 亿人次，而拼多多作为成长最快的电商平台，每月有超过 7 亿的访问用户。阿里巴巴旗下的支付宝和腾讯旗下的微信支付，借助其二维码支付的技术优势，共处理了中国约 95% 的数字支付。

## 暴风式增长的中国数据市场

在中国，数据生成的速率可谓是暴风式增长。根据中国信息通信研究院的数据，在中国产生的数据总量从 2017 年的 2.3 泽字节（Zetta Byte，1 泽字节 =1 万亿 Giga Byte）上升到 2019 年的 3.9 泽字节，并且还在持续增长。

早在 2015 年，阿里巴巴集团创始人马云就曾表示："我们正在进入一个新的能源的时代，这个时代核心资源不是石油，而是数据。"自从互联网进入中国，中国企业家便迅速利用互联网创业，建立了围绕数据收集和使用的商业模式。这种商业模式为中国孵化了许多世界闻名的科技公司，如阿里巴巴、腾讯，以及字节跳动等。

这些公司通常会构建由数据支持的，多支柱的商业模式。首先，它们通过大量数据与用户建立全方位联系，这些大型平台公司旗下的 APP 均拥有大量的活跃用户。其次，它们可以通过用户过去的数据记录，利用大数据及算法，聚焦到每一个具体的用户。

许多科技公司之所以能够快速增长，也恰好是因为中国在过去没有太多与数据安全相关的法律法规。

**数据安全问题引发社会事件**

随着时间的推移，与数据安全相关的问题开始显现，主要体现在以下三个方面。

首先，从数据的产生或创建，到数据的使用、编译、筛选、结构化、重新格式化、扩展、分析，再到数据的销售和购买，会有多个利益相关者声称对数据拥有所有权。

其次，保护个人数据和敏感信息的安全是至关重要的。但有时，公司和监管机构很难界定哪些数据是私人的，哪些数据可以共享。

最后，互联网公司往往拥有数百万或更多用户的个人数据，它们可以通过复杂的算法，利用这些数据牟利，如何把握其中的尺度明显也是一个问题。

最近就有一些因为数据问题引发诸多争议的社会案件。2020年8月，由于招商银行和交通银行未能有效保护信用卡用户的个人数据，中国银行保险监督管理委员会对这两家大型国有银行开出巨额罚单。2021年7月，滴滴出行作为中国最大的网约车平台，赴美上市后，受到中国监管部门的网络安全审查。审查期间滴滴被要求停止新用户注册，并且在IPO 2天后，其APP被中国网信办要求下架。2022年7月21日，网信办依法对滴滴处以80.26亿元罚款，对其董事长、总裁各处100万元罚款。随着监管的收紧，许多计划赴海外上市的公司也面临很多不确定性，如中国健身应用平台Keep、中国最大播客平台喜马拉雅等公司近期均取消了赴美IPO计划。

### 颁布数据相关法规法令

目前，中国颁布了三部与数据相关的法律法规，它们为解决数据安全问题奠定了基石。2017年6月，中国实施了《网络安全法》作为维护网络安全的纲领。该法律要求公司数据需存储在中国境内，并提出相关组织和网络运营商必须接受政府对于数据的安全检查。

自2021年9月1日起实施的《数据安全法》，其目的是进一步保护国家数据安全和公共利益，并要求中国所有企业根据数据的重要程度进行分类，实行更加严格的管理制度。

2021 年 8 月 20 日，中国还通过了《个人信息保护法》，该法已经于 2021 年 11 月 1 日生效。《个人信息保护法》对个人信息的数据收集和保护提出更严格的要求，并突破传统法律的属地管辖原则，强化了数据法的域外效力。《个人信息保护法》与《网络安全法》和《数据安全法》共同建立了系统的监管架构，以保护中国的网络安全和数据隐私。

在这样的背景下，在中国运营的国内外公司需要关注诸多问题。对跨国公司而言，需要关注如何有效管理在中国和在其本土的数据，以及应该如何应对新的法律监管下的跨境数据传输。而对想要在海外上市的国内公司而言，需要制订以遵守数据法规为基础的战略计划。对于所有公司而言，都需要了解如何利用数据来产生竞争优势，以及远离"红线"。

**数据法规对跨国企业的影响**

在遵循新的数据法规的同时，不同公司会面临不同的影响。对于跨国公司而言，尤其是依赖于云基础设施，对数据进行集中控制的跨国公司，更需要评估其实践操作是否符合当地的相关法律。许多国际科技公司，为了确保公司数据获取的过程是安全、可控的，以及使该过程获得用户同意，可能会有很多特别安排。而国内企业在处理相应数据时，可以选择将数据外包给专业机构或聘请相关合规人员。这样，企业才能更好地保护国家数据安全和公共利益。

同时，这些数据安全的法律法规，将促使跨国公司在中国设立更多的研发和创新中心。对跨国公司而言，在全球国际关系发生重大变化后，它们在中国的经营方式也发生了很大变化，它们需要面对来自各个方面的问题：从数据安全到国际关系问题。

中国成为跨国公司不得不重视的区域，其中一个关键因素，是中国正在建设的数字化基础设施的速度、强度和复杂程度远超世界其他地区。

如果从战略的角度来看，未来几年会发生什么？《数据安全法》和《个人信息保护法》将驱使企业在某种程度上调整它们运营的方式，同时，亦会带来公司对管理系统和流程以及组织架构的改变。而各个公司的应对方法会根据行业特点进行调整，因为每个行业本质上都是有所不同的。

问题的核心往往是：数据应该存储在哪里？如何有效保护数据？哪些数据可以共享？哪些行为是数据管理的"红线"？

展望未来，人类将会追求一个更为互联互通、虚实共存的世界。同时，由于各个国家在数据主权上的要求，跨国企业的商业模式将变得越来越复杂。对于那些能更好更快理解新规则的公司，它们会在这个过程中发展出新的竞争优势。来自世界各地的企业高管和战略家都需要对此不断思考，以应对新的挑战。

# 十二、粤港澳大湾区的互联互通

粤港澳大湾区的建设已成为国家重大发展战略，旨在深化大湾区内 11 个城市之间的合作，发挥各自的竞争优势，同时促进区域经济一体化的融合发展。

大湾区的独特性在于其包括三个不同的司法管辖区。在这样的背景下，人流、物流、资金流和资讯流的互联互通对大湾区的运行起了至关重要的作用。

## 金融科技发展加速互联互通

近年来，粤港澳大湾区在金融服务领域的互联互通明显增强。一系列项目在大湾区的成功实施证明了其跨境投资的无限潜力。分别于 2014 年和 2017 年启动的"港股通"和"债券通"，亦积极促进了资本在香港与内地的股票市场和债券市场之间的流动。继上述项目取得顺利进展后，首个以大湾区为重点的跨境财富管理互联互通计划（跨境理财通）于 2021 年 10 月启动，从而进一步开放了中国金融市场，促进区域经济一体化发展。

中国现在已经进入了一个以 5G、人工智能、区块链和云计算等新的颠覆性技术为代表的新技术时代，大湾区在开发这些创新技术的应用方面，处于领先地位。新兴的创新技术，亦将前所未有地加速互联互通的发展。尤其是新的商业模式陆续出现，将在未来赋能下一代智慧城市和诸多传统行业的数字化转型建设——例如医疗健康领域将迎来新的浪潮。

粤港澳大湾区亦是金融科技创新的聚集地。区块链所支持的分散式账本技术使得协同多种服务成为可能。举例来说，"i 深圳"是深圳统一的数字身份验证系统，它利用分散式账本技术、大数据及人工智能，帮助实现跨境无缝的金融系统运作，且该技术将持续推进各区域之间的协同发展。

中国亦处于中央银行数字货币研究和应用的前沿。粤港澳大湾区是中国首批开展数字人民币试点的区域。2020 年 10 月，深圳市政府联合央行开展数字人民币红包试点，面向公众发放总额高达 1000 万元的红包。诸多的试点不仅加强了大湾区内金融科技基础设施的建设，更进一步扩大了数字人民币测试的应用场景，展现出极具透明性的特点，亦将为数字经济生活带来更多便利。

### 科技重新定义香港地区的再工业化

粤港澳大湾区内的商业模式也在逐渐转变与升级。例如，在医疗健康领域，"微医"（WeDoctor）等"互联网＋"医疗平台的应用，说明大湾区居民可以通过不同渠道，更加便捷地享受线上和线下一站式"远程诊断、治疗和复诊"的服务。展望未来，随着大湾区内医疗资讯的加速互通，数字医疗运营和合作将会愈来愈普遍。

为了进一步实现大湾区内人员、货物的持续流动，城市物理基础设施（如桥梁和高速公路）和制度基础设施（如系统和资讯）亦在不断融合。例如港珠澳大桥的开通和其他交通基础设施（机场、高速公路和高铁网络）的全面升级，大大促进了大湾区城市之间的联系。

同时，安途、文远知行、百度阿波罗等在自动驾驶领域的领先企业，也在广州、深圳等城市交通转型中取得进展，为未来大湾区智慧交通的建设添砖加瓦。日益自动化、智能化和加速互联的商用车领域也颇具潜力。

在制造业方面，粤港澳大湾区正在向着智能化、互联化和多中心化的制造中心升级。今后愈来愈多的数字化和自动化方面的技术，以及大数据分析和云计算，将重新定义制造的方式。香港地区力争抓住这个机会，并借此提出了再工业化的倡议，因而香港将有机会进入一个新的制造业体系和生态系统。在这个生态系统中，并非所有环节都需要在香港进行，亦可在大湾区其他城市完成。科技带来的互联互通，将加速提高香港在制造业领域的能力，有机会重建其中心地位，并以新的形式表现出来。

### 推进智慧城市需加强数据安全

随着新科技的应用，数字化基础设施的建设日益完善，大湾区内的城市也变得更加智慧。例如，广州正在建设涵盖态势感知、运行监测、决策支撑的"数字孪生城市"。而随着城市进一步智慧化，它们对城市重点功能的衔接提供的支持愈来愈强，例如对新冠肺炎疫情的防护与控制。

然而，随着粤港澳大湾区内更为广泛的互联互通，新的挑战也随之而来。公众需要更加全面的安全措施，以保护这一过程中所产生的海量数据。而已经颁布的《数据安全法》和《个人信息保护法》，为数字经济的发展提供了第一步的法律支持。

跨境数据应作为大湾区综合发展的重中之重，跨境监管机构必须合作制定跨境数据管理的规则、机制，以及跨境数据的安全标准；同时，相关机构也应鼓励和开展允许跨境数据流动的试点计划。

加强粤港澳大湾区内的互联互通，是将其建设成为世界级城市群的关键。多个领域如智慧城市、制造、移动出行和医疗服务等之间的互联互通，亦将提高城市的经济活力和人民的生活水准。粤港澳大湾区独特的定位有可能使其成为中国乃至世界的榜样。

第四章

# 中国公司把握机会融入全球

# 一、国际关系如何影响中国的科技巨头

在连续几年迅速的海外扩张后，中国科技巨头字节跳动碰壁了。2020 年 7 月 6 日，印度下令禁用字节跳动旗下的短视频社交软件 TikTok。这让 TikTok 在印度失去 1 亿至 1.5 亿的首次安装者。此外，印度禁用黑名单中还涉及了另外 58 个中国应用，包括腾讯旗下中国最大的社交媒体平台——微信。

这已经不是中国科技公司第一次被卷入国际关系的旋涡了。美国白宫方面一段时间以来，一直在指责中国通信制造商华为，声称使用华为产品将损害国家安全并要求其他企业与国家也对华为发出禁令，尤其针对华为的 5G 装置。例如，美国的盟友英国撤销了之前同意华为在 5G 网络建设中发挥"有限"作用的决议，决定禁止华为在英进行 5G 建设。

2020 年 5 月，特朗普政府又将 33 家中国企业列入出口管制"实体清单"。此前美国大范围指控中国的超级电脑和微芯生产企业，并将它们列入黑名单。8 月，谷歌和脸书拒绝与香港特区政府共用使用者数据，TikTok 更是暂停了在香港的运营，其在中国的母公司字节跳动宣布 TikTok 将在"几日内"退出香港市场。

## 科技公司或需将国际关系因素纳入决策过程中

国际关系一直都是国际商务贸易之中的一部分，石油与天然气交易就是典型的例子。不过在过去，国际关系在多数领域的影响力一直相对有限。即便是常常卷入外交争端的电信公司，遭遇如今这般严苛的限制都是以前很难见到的。

但是美国显然并不这么想。2020 年 7 月 7 日，美国官员表示将考虑禁用包括 TikTok 在内的中国应用程序。特朗普则于 7 月 31 日晚对记者表示，他将禁止短视频应用程序 TikTok 在美国营运。但是 TikTok 与其中国版应用程序抖音是分开营运的，而且 TikTok 最大股东是其创始人张一鸣，并非政府当局。

如果中国也采取同一套说辞作为理由，那么中国官方同样应禁止美国电动汽车公司特斯拉，因为特斯拉也在收集中国使用者的数据。但是中国并没有要禁止特斯拉的意思，而特斯拉也已经将其在美国的用户数据中心转移到了中国，以此方式解决网络连接问题，更好地服务公司当下最具前景的市场。

中国公司，特别是科技公司，已将国际关系因素纳入决策过程中。因为今天的国际关系影响，竟然恶化到可以强行改变公司生产和出售什么产品、决定公司可以使用什么科技、左右公司可以向谁卖产品，再到干预供应链的位置区域的选择，甚至干预公司能否获取供应权。

各路媒体和政府将中国科技巨头描绘成潜在的威胁，中国科技公司的全球化发展很可能因此受阻。对中国持续的抨击已经玷污了这些公司的品牌形象，因此它们在尝试国际化运营时，也将面临一场艰苦战斗。

### 中西方的角色互换极其关键

中国面临着众多恶意抨击和贸易争端，更不用说还要应对严重影响全球经济的新冠肺炎疫情，使问题雪上加霜，但中国仍在持续开放市场。不仅是汽车行业、电信行业，就连石油与天然气产业的限制也大大放宽，还有体量巨大的中国金融市场也开放了海外投资。

目前中国正积极对外开放，而西方世界，尤其是美国，正转向单边主义和保护主义。一度有所谓专家学者预测了"去中国化"浪潮，也就是供应链受疫情影响导致大量外资企业退出中国市场。虽然大量外资退出中国的情况尚未发生，但是一些中国的企业为了实现其全球化目标正努力"去中国化"。为了远离政治旋涡，TikTok 母公司字节跳动正考虑将 TikTok 分拆或卖给协力厂商。

### 中国企业暂且将重心放在国内市场

动荡的国际局势会在短时间内消失吗？或许不会。虽然国外资本对中国很有兴趣，但短期内在中国的外国直接投资会有所下降。尽管 2019 年美国对中国投资幅度略有增长，中国对美国的直接投资由于双边关系紧张则下降至 2009 年以来的最低点。2020 年 1 月起，外国对中国的投资一直在稳步增长，但中国的对外并购金额却达到了历史最低。

在这个不可分割的世界里，与中国割断关系的美国企业未必获益。比方说，专家预计美国半导体制造商若想和中国割断关系，意味着放弃未来 3—5 年内 18% 的全球份额和 37% 的收入。

同时，许多本来希望"出海"的中国企业也不得不选择等待，将重心暂且放在国内市场。自新冠肺炎疫情得到有效控制后，中国政府发布了一系列的复苏计划。新基建计划预计在未来 5 年进行 2 万亿美元投资，计划通过新一代信息技术促进中国本土经济发展。政府也在加大对智慧城市的投资力度，通过如 5G、物联网、大数据、人工智能和区块链等先进技术赋能城市管理。

目前国际关系的形势正进一步分裂世界，扰乱全球市场。对一些政府来说，违背常理和不讲逻辑的决策或许暂时奏效，但终将引起后患。让我们一起期待常理和逻辑的回归，让极端主义和单边主义无法持续下去。

## 二、国际关系变化给予中国企业国际化的启示

华为、TikTok、微信等遭遇美国政府打压事件已经表明，中

国企业在进行国际化的时候，国家间关系变化的因素非但不可忽视，而且往往是重要变量。

在过去一段较长时期里，不少中国企业受到全球化趋势的熏陶，纷纷"出海"，更有一些企业要实现"国际化"，甚至"全球化"，俨然要与西方的跨国企业一较高下。

中国企业的崛起是过去 30 年左右的事情，在这过程中，中国企业从无到有，从对市场经济、国际准则的一窍不通，到一部分企业起码在规模或市值方面已经走在了全球商业的前列。这样的成绩一方面是非常令人骄傲的，但另一方面，这样的表现也容易令一部分人低估了全球发展的难度。

## 中国企业家的一个严重教训

中国企业崛起的几十年，恰好是与全球比较优势理论主导的全球化进程同步进行的。以美国专栏作家托马斯·弗里德曼"世界是平的"理论作为主要思想根据，加上不少其他参与者（如管理咨询公司、学者与智库等）在旁的摇旗呐喊，更有一些流行的"管理心灵鸡汤"，普遍鼓吹着从简单观点出发的企业战略和全球化发展进程。这些声音让不少中国企业家以为，全球化只需要注重内部条件方面的建设，只要建立良好的价值观、管理方法、组织架构以及拥有相关能力和适当人才就可以实现。认为朝着既定的方向去做，总有一天会成为成功的跨国企业——这种观点是太单纯的理想主义。

近年一些中国科技企业在西方，尤其是在美国遭受的待遇给予中国企业家们一个严重的教训——无论内在条件经营得多么好，突然改变的外部环境，特别是其他国家的打击行为，都是非常残酷且具有巨大杀伤力的。

自从中兴、华为、TikTok 以及微信事件后，中国企业家突然发现，原来其他国家可以借国家安全或者国家之间关系作为理由来干预外国企业在当地的发展。

## "华为的冬天"警示仍不够

以我过去接触过的中国企业来说，可能除了华为之外，绝大部分要到和已到海外发展的中国企业，对国家之间关系和国家行为所带来的风险的认知水平，可以说是非常之低。

以华为来说，任正非在 2000 年年底已经提出了"华为的冬天"这个警示，并在之后将"我们如何可以活下去"这句话作为口头最常讲的话。虽然华为已经为此提前做了不少深具前瞻性的工作，但在某些事情上，它仍然没能彻底解决最棘手的问题。当然防范这类风险是一件很难的事，考验的是企业领导者的洞察能力和对于复杂问题的认知能力和判断能力。

## 数字化的差距正在不断和无情地扩大

在 2017 年之前，全球经济和社会在全球化思潮和科技发展等领域，基本上沿着一个无所不在、互联互通的世界和数字经济一体化的趋势发展。这个发展有着强大理论基础和逻辑性，符合全球发展整体利益的趋势，体现出人性化的一面，但随着国家间关系巨变的集中显现，人类的这一发展方向突然之间被人为地干预了。

尽管其后的变化如此剧烈，但是数字经济和互联互通的基本逻辑事实上仍然存在。然而在这个变化过程中，数字经济让世界产生了巨大的数字鸿沟，而且还在扩大。

获得打开数字经济宝库钥匙的国家和地区，在当下和今后的数字经济里将成为受益者。但相对而言，得不到这把钥匙的国家和地区，只能在数字鸿沟的另一面遥遥观望。数字化的差距正在不断和无情地扩大。事实上一些国家和地区在不知不觉中耽误了自身在数字经济方面的发展，而其他已经取得钥匙且并未被人为举措干预的国家和地区，反而在数字经济领域加速前进。这是典型的此消彼长，但很可惜，不少国家和地区的领导人看不到这一点，还在用狭隘的观点设计政策。

### 如何才能提高不确定性时代的确定性

对于企业而言，这些巨变因素带来的影响是什么？

我在 2020 年 6 月的《亚布力观点》中发表的《在不确定时代里有什么不确定？》一文中提到，企业在业务边界、客户、标准、价值链重构、全球分工和商业模式等方面都会全面面临巨大的不确定性。

那么，如何才能在不确定性时代里提高确定性？企业必须加强对外在问题的认识，例如国家之间关系和国家风险等方面问题，同时亦要知道未来应以更现实和更具全域观的角度来观察事情的改变，并且结合所有相关的力量，使其在与各方进行博弈的时候能够取得最佳的优势和最好的结果。

从全球政治经济情况来看，可以预测，在可见的未来，中国企业在海外发展仍然会面临严峻挑战。这些挑战不只有来自市场的竞争，还有来自非市场竞争的因素干扰。后者也将较长时间存在，而且它对企业的影响程度甚至比市场因素更深。对于企业来说，如何将国家间关系的干扰因素降到最低，将会是企业领导者面临的重要课题。

应对这些课题，就需要领导者不只是理想主义者，更要是现实主义者，必须两者相容，并不断在两者之中取得动态平衡。正如牛顿第三定律所说"相互作用的两个物体之间的作用力和反作用力总是大小相等的"，世界上所有事物都不会是单方面线性的发展，而是系统性的互相牵连的非线性和多维的发展。

企业领导者必须具备操控大棋盘、整体系统的洞察力和执行能力。领导者应该提前知道：今天走了一步棋，将会影响对手明天如何回应，而后天又该走哪一步棋。

大棋局，大变化。这个场景将加速中国企业家的认知提升、学习和实践能力，亦是一个进步和蜕变的过程。

## 三、中国企业应重视国际情势研判

因为工作的需要，我重新翻看了以前在不同场合讲到"中国企业如何走出去"议题时所用的 PPT。在这个问题上，大约从 15 年前我就开始接到不同单位邀请，做专题演讲，包括中国商务部、上海市国贸委、外资商会和某些智库型机构等。十几年前中国企业走出去是一个新颖的议题，随着时间推移，企业的关注点有所转变，从比较简单的如何"出海"，进化到比较复杂的如何"成为全球化企业"等，这说明中国企业在"走出去"这方面的认识不断成熟。

当年我在 PPT 中阐述的观点，以现在的眼光来看，可以说是非常幼稚的。当时，我也提出了国际关系的风险，但只是一句话带过，并没有详细地为听众解释什么是国际关系，以及企业应该如何考虑和处理国际关系带来的风险。

华为、中兴、TikTok 和微信等在国外某些国家的遭遇，已经令不少企业，特别是科技型企业认识到国际关系对于企业海外经营的重要性和必要性。企业除了要详细分析海外市场带来的机遇和风险之外，亦需要对国际关系所带来的风险进行深入的分析，以及将这两方面风险的防范和管理转化为企业的核心能力之一。

我在美国著名的博思艾伦咨询公司工作的时候，我们公司有两块业务，一是全球科技业务（Worldwide Technology Business，WTB）；另一块是全球商业业务（Worldwide Commercial Business，WCB）。我在 WCB，负责为企业提供企业咨询服务，而我在 WTB 的同事们则主要工作于美国首都华盛顿特区，为美国政府主要部门工作。工作范围主要围绕国家安全，而 WTB 亦经常从美国政府不同部门聘请专家和已退职的资深官员和议员作为"咨询顾问"。

尽管当年 WTB 和 WCB 的工作之间已经建立了清晰和严谨的"防火墙"，双方不能翻墙，也不知道对方在做什么，但作为 WCB 的一位资深合伙人，我当时已经隐隐约约察觉到，不只美国政府在不断建设它们的国家安全体系，同时有关部门对于全球不同体系对美国所能造成的国家安全威胁也在做出系统性的分析和行动。

尽管我们两者之间建立了防火墙，但从 WTB 中发展出来的一些分析工具还是会在 WCB 的工作中被引用。其中最常用的是"沙盘推演"（Wargaming），我们 WCB 的合伙人经常采用此工具为企业客户们进行场景演练和分析，包括国际关系方面的考虑。还有"权力人士和机构的关系图"（Power Maps），目的是对关键国家的关键政客和人脉体系做出深入和理性的分析。其实这些都是美国信息收集部门常用的方法和工具。

### 对国际情势进行分析

基于我的观察以及与不少中国企业的交流，一般来说，中国企业在以上这些方面的考虑还是比较粗浅的。不少中国企业在走出去的时候，以为只要自己的产品好、性价比高、有品牌、有渠道和服务好，那全球化之路就必定成功。它们极少采取适当的工具和方法论（如上述的信息收集手法）对国际情势进行分析。

但事实上，上述的预防动作都是企业必须做的，特别是在一些国际关系风险较高的国家。但企业即使做到了预先分析，也并不代表就可以顺利实现国际化。国际关系的剧变和某些国家的非常规做法，给不少中国企业在思考国际化的进程中上了一堂重要的课。

对于有国际化追求的中国企业而言，今天需要解决的关键问题是什么？

1. 在哪些方面会被其他国家"卡脖子"？能做出什么预判？有什么解决方法？

2. 走出去时所面临的关键风险是什么？如何转化和防范？

3. 应该利用什么工具和方法论来协助完成这些风险方面的评估，分析和建设行动方案？

4. 面对这些挑战，需要具备什么新的核心能力和建立怎样的团队来支持？

5. 需要在组织架构上进行怎样的相关调整？

6. 如何分配总部和海外分支机构的权利和责任？

这里特别值得一提的是数据安全问题。越来越多的企业已经或将会成为数据公司，但跨境数据安全的问题却因国际关系的日益突出而变成了一个棘手的问题。一方面，我们呼唤数据安全的全球治理，另一方面，企业亦必须预先建立一套国内外都可行的和接受的数据安全战略。这一点是大部分走出去的中国企业容易忽略的。

对于关键职能部门设置而言，"政府／公共关系"部门是必须有的，但它的职能将不只是合规管理和维护当地社区关系，更重要的是替公司系统性接收国际关系方面的信号，对关键利益相关者之间的关系进行了解和出谋划策，同时在适当时机进行游说工作。

对于在海外分支机构工作的经理人来说，他们将不再只是负责当地的产品销售、渠道维护和客户关系维护，亦需注意当地经营风险，特别是国际关系变化的信号，并且及时向总部反馈。他们亦需适当和有技巧地完成与当地关键利益相关者关系的建设。

在国际关系发生剧变之前，国内有观点提出，面对不确定的时代，企业家们必须有"利他"精神并通过"生态系统"来互相依赖和生存。

这种论调不能说完全不对，但面对现实甚至残酷和复杂的国际环境，企业家们亦需要提高自己的警惕性，可以有利他的心，但亦需要对其他人的可能行为有所防范。国际上的事情，水往往很深，企业家们不能空想，不可能只凭做个好人、做些好事，就能处理出海遇到的所有问题。对国际问题，他们必须更多地研究、更深入地了解，同时通过多阅读书籍和专业文章，加深对世界的历史、政治、人文、宗教和文化等领域的理解，以免人云亦云，随波逐流，他们更需要不断对风险和机会进行预判和有所准备。在同一时空里，用两分法思考问题，将是中国企业家在国际化进程中走得更远所需要的思维能力，这也是对企业家的考验。

## 四、新全球化格局对中国企业意味着什么？

面对"百年未有之大变局"，中国企业家应该做什么？我们面临的机会还有什么？

改革开放 40 多年，中国已经在多方面取得惊人的成绩和骄人的成就。在某些领域中，中国已处于世界前列，特别是在以数字经济为基础的商业创新领域。但在另一些领域，中国仍然较为落后，特别是在一些核心科技领域，如半导体芯片、发动机等，被某些国家"卡脖子"。

这些变化正是在大变局的背景下发生的。单边主义、"××优先"等思想的泛滥，强烈地冲击着原来持之以恒的基于国家分工而进行的全球化发展。不少中国企业家向我表达了他们对未来国际局势的担忧。

全球化 1.0 是大约 30 年前由美国推动的，以国与国之间的比较优势进行的全球分工模式。这股浪潮刚巧迎上中国在 1992 年后加速的改革开放，全球化在中国（印度则在 IT 方面）的比较优势和希望交织之下快速地进行。

十几年之后，在 2005 年，这个现象被美国专栏作家托马斯·弗里德曼在他的著作《世界是平的》中做了详尽的总结，这让全球化的概念在普罗大众中（包括企业家）深入人心，仿佛这就是经济定义上的"历史的终结"。

接下来分析一下催生全球化 1.0 的客观规律。简单来说，全球化 1.0 是全球主要商品供需的调整和再平衡。在全球化 1.0 之前，全球主要供需都是在西方发达国家中发生，可以说是这些发达国家整体的"内循环"，其他国家较少参与。全球化 1.0 阶段，基本的需求端仍然来自西方发达国家，尤其是美国（当然，随着发展中国家经济的崛起，它们在需求方面的重要性亦逐渐加强）。而在供给方面，则是以发展中国家为主，在生产方面则是以中国为主要核心。这种供需关系的调整和秩序的建立，事实上是合理的。

### 三种力量颠覆全球化 1.0

不过在最近，有三种力量同时出现，颠覆全球化 1.0 格局。

第一是原来处于供给端的发展中国家（特别是中国）的一部分中等收入群体快速涌现，他们除了在供给端仍然起作用之外，亦逐渐成为需求端的一部分。以中等收入群体来说，仅中国就已经超过了 4 亿人，同时数量仍在猛增。中国的崛起，打破了原来西方发达国家在需求端方面的垄断。

第二是科技的发展。自从移动互联网出现之后，它的快速发展大大改变了人类的生活习惯。科技驱动了巨大的商业创新，而这些创新中心原来主要在美国西海岸地区。在 10 年之内，中国企业家在这些方面的创新亦已走到了全球前沿，当然在某些方面仍然落后于美国西海岸。当科技不断演变，随着人工智能、互联网、5G 和区块链的持续崛起，人类生活的方式越发多样化。万物互联、无处不在，这将不再是科幻的虚构。同时，这亦与人们喜欢社交的天性相契合。

第三是以某些国家所提出的单边主义、"××优先"为表现的国际关系变化力量。它的出现有其原因，与上述第一种和第二种力量比起来，不同之处在于前两种力量是自然内生的，第三种力量是人为的。它人为地干预着第一种和第二种力量的正常发展。我判断，当人为的力量不能维持下去的时候，前两种力量将会主导下一轮世界经济格局的发展。

全球企业和大部分国家将更加重视中国市场和其崛起衍生出来的相关机会。未来全球化仍将是世界经济的主旋律，不过它的需求端，除西方发达国家之外，还要加上以中国为中心的发展中国家，但同时供应端将仍然是以中国和某些发达国家为主。这将是全球化2.0的新格局，当然它亦将带动一部分区域性或本土性经济的出现，但后者形不成主流，最多属于辅助性质。

新冠肺炎疫情的出现，考验不同国家不同体制下的治理能力。中国在抗疫方面出色的表现，大大增强了中国人与企业家的信心。

不可否认，国际关系和其所衍生的其他问题，如数字安全，将会是中国企业家在可见未来发展战略中必须考虑的问题，同时他们必须深思熟虑，提高考虑问题的复杂程度，特别是在海外发展方面。对优秀的企业家来说，除了要注重解决眼前的运营问题之外，亦需同时对中长期发展做出应有的判断。

中国企业家在下一阶段发展的机会将更多。世界经济中心将逐渐转移，竞争格局亦将产生基本的改变，科技带动的创新层出不穷，因此不同的治理体系下表现出来的差异性将更加明显。

当新的全球化格局出现时，国际关系和其他因素所引起的跨国公司战略基本假设亦将同时改变。

在全球化 2.0 的时代，中国企业的主动能力将变得更强，但同时国际间的风险仍将相当巨大。

此时此刻，中国企业家需要对未来做出更有智慧的判断，绝不能人云亦云、随波逐流，不应盲目乐观，亦不应盲目悲观。这考验的是企业家是否可以摆脱惯性的线性思维，熟习以非线性、多维和跳跃式的方式去考虑问题。企业战略不只是通过某些案例、研究框架和方法论倒逼出来的结果，而更多是通过多方面通识的学习、深究和反思出来的结果。我期望更多的中国企业家可以把握下一轮全球化 2.0 带来的机遇，将企业带领到更高的台阶上。

## 五、中国成为科技开拓者对西方的启发

如今，中国的科技创业者日益受到全球的关注。长期以来，中国企业，尤其是科技企业，被西方恶意指责为只会"山寨"。现在一大批中国企业，如华为、阿里巴巴、字节跳动和电动汽车

制造商蔚来，向世界展示了中国的创新——不仅有产品的创新，还有商业模式、概念和理念的创新。

此外，尽管美国政府一再阻挠中国的 5G 发展，但中国仍然不断扩大领先优势。据中国工业和信息化部 2021 年 11 月初的数据显示，中国 5G 终端用户达到 4.5 亿人，占全球 80% 以上，华为成为目前持有 5G 标准专利数最多的企业，而中兴 5G 标准专利数排在全球第三。现在的情况是西方公司反而开始模仿这些中国公司。为了与字节跳动的热门应用 TikTok 竞争，脸书推出了自己的短视频功能。这是脸书第二次尝试模仿中国社交媒体。

## 创新已成为中国文化的核心

创新中心从西方向中国转移的意义重大。创新不仅是人们可以触摸到的有形产品，还可以是无形的，例如战略思维、组织和商业模式设计的理念。

创新已成为中国文化的核心，也是中国发展模式的基础。自 20 世纪 70 年代末改革开放以来，中国发展出了一种独特而有韧性的发展模式——三层二元结构。

华盛顿的科技黑名单反而迫使中国在半导体等领域不断提升能力。现在，不论公司大小，无论国有还是民营，都在努力研究、开发和商业化技术。同时，中国的创新领域也在吸引着最优秀的人才。愈来愈多在西方，特别是在美国学习理工科的中国人回到祖国。

西方国家必须摒弃成见，不将中国与侵犯知识产权、缺乏市场准入、不公平竞争、国家补贴等负面提法相连，也不能带着中国模式与苏联模式一样的偏见。

西方国家，尤其是美国，不应试图将中国拒之门外，而应设法确定与中国合作的内容和想要保护的内容。各国不应针对具体的公司，而应就潜在的合作领域制定明确的国家规则。它们应该与中国合作，发展全球治理方法，解决数据安全和新技术协议等核心技术问题。对于西方企业来说，信息很明确——中国不仅是一个商机巨大的市场，最重要的是，中国正成为科技创新的灵感源泉。利用这个平台产生知识和新的做法，对提高公司乃至行业的长期竞争力至关重要。

## 六、华为走上了战略的第三条路

在中国表现比较出色的企业一般来说都拥有较好的战略思维，而这种思维往往是在一段较长的时间内摸索和发展出来的。相对而言，中国香港的企业比较缺乏类似的战略思维，不少只是依靠一半市场、一半人为创造的"定位结构优势"，或通过"做单"（撮合交易）来赚钱。

有没有战略思维，是决定中国内地企业和中国香港企业在过去几十年来发展此消彼长的最根本原因，而并不是如一些人对此简单的解释——如"内地市场比较大""内地做生意凭关系、走后门"等。

### 企业需技术自主，方可不受制于人

华为公司推出了鸿蒙操作系统，得到了各界的广泛关注。该系统的面世，意味着华为将不再依赖安卓系统。此前在华为内部会议上，创始人任正非就特别强调华为需重视软件开发，因为在该领域有较为稳定的基础，未来的发展方可不受美国限制，华为才能有较大独立自主权，可以"扎到根、捅破天"。

任正非认为华为要有自己的商业主张和技术主张，利用全球先进的科技力量，在根技术上扩大投资，以开源、开放应对美国的"闭关锁国"，从而巩固中国市场，这一做法使得华为在欧洲市场也有了希望。"当华为占领欧洲、亚太和非洲后，如果美国标准不与华为融合，华为去不了美国，美国也进不了华为的地盘。"

### 华为的战略部署代表着什么？

20 世纪 90 年代初期，中国的企业管理界还处于早期的发展阶段，企业家们对管理理念和思想还不是非常了解。当时很多中国企业家普遍有一个疑问：究竟他们的企业应该多元化还是聚焦？当时的咨询公司都是国外来的，它们一直给中国企业灌输一种简单二元的理念——战略不是多元化就是聚焦，而一般的外来咨询公司都倾向于劝导企业家们应该聚焦。

但在当时，企业家们看到海外许多华人的企业，特别是那些家族型企业却是多元化经营，而不少也非常成功。海外成功的实例和外来咨询公司给予他们的建议之间的巨大落差，往往让不少中国企业家甚为失落，不知如何是好。

### 企业面对新机会，需掌握跳跃战略

有一部分企业家们却逐渐发现，他们在貌似只有两种选择之余其实还是有第三条路的。我们称这种战略选项为适时、连续的跳跃战略。

当企业开始起步时，它会选择某种业务，也会建立它所需要的核心竞争力，这是一个机会和能力的组合。但往往在这一过程中，市场会出现新的机会，而这些机会往往是以非线性、S 形的方式出现。面对这些新的机会，企业家要做出判断——在企业未具备所有新业务需要的核心竞争力的情况下，要不要从现在的业务跳跃到新的赛道。许多成功的中国企业都在遵循着"战略第三条路"的原则进行适时、连续跳跃。阿里巴巴、腾讯、小米、平安、吉利等就是实践这类战略的典型代表。

华为借助自身在电信网络和终端的优势，将其业务延伸至包含手机在内的消费电子领域与消费电子芯片领域，并在十年深耕之后取得了巨大的成就。2017年，华为手机销量过亿，成为国内手机销量第一的厂商。2019年，华为手机销量超越苹果，成为世界第二。

随着数字世界的来临，华为及时调整企业战略，致力于构建一个万物互联的世界，把自己打造成基于云、大数据、人工智能等多种技术为基础的平台公司，并且赋能智慧城市、智能制造、智能能源与智慧出行等多个领域。而当传统经济走向算法经济的趋势显现，华为则大力发展软件业务，以期待获得企业新的竞争优势。

### 能力与目标匹配，随时掌握机会应变

战略的各种道路的差异，本质在于如何看待机会和能力之间的对比。更具体来说，企业的边界是企业在机会和可获取能力之间的选择和博弈之后得出的结果。我有关"战略第三条路"的思考，在21世纪初期开始酝酿，2010年形成雏形，至2014年正式提出。在2020年8月出版的、由我和黄昱合撰的《竞争新边界》一书中，我们对"战略第三条路：适时、连续跳跃的战略思考"以及框架做了详细和系统的介绍。

不过，过去几年全球格局的巨大变化，特别是在国际关系方面，原有规律受到了人为的干预。国际关系或其他相关因素为企

业战略带来了两个新条件。第一是约束因素，国际关系可以约束新的机会的出现或减少原有的机会。第二是机会的出现可以是被动（非主动）产生的。换句话说，机会是可以被逼迫出来的。华为的战略变化就是一个很好的例子。

任正非说得好："克劳塞维茨在《战争论》中讲过：伟大的将军们，是在茫茫黑暗中，把自己的心拿出来点燃，用微光照亮队伍前行。什么叫战略？就是能力要与目标匹配。我司历经三十几年的战略假设是：依托全球化平台，聚焦一切力量，攻击一个城墙口，实施战略突破。"可以说，他所说的这段话背后，就是战略第三条路的思考方式：在约束条件下，凭借对新发展大局深邃的预判，寻找新的机会，找到后尽快跳跃和重点执行，建立能力（包括全球资源平台的组建和生态系统），进行成功跳跃。

主导战略第三条路的领导者，一方面永远都心怀忧患，无时无刻不在想能不能"活下去"，不会片刻安逸下来；另一方面不断寻找下一个可能或被迫必须跳越过去的机会。这种能力必须通过深厚的知识、超高的预判能力和全球视野，才能有机地产生出来，并于组织内转化为组织的恒常能力。在"百年未有的大变局"中，企业家们应该如何应变？在新格局下所衍生的战略第三条路会给予更多参考。

第五章

# 未来挑战及预备要点

# 一、在不确定时代有哪些不确定？

今天，我们许多人都在讨论"巨变""不确定性"时代的来临。不少人亦提出了在这样的时代，企业决策者应该如何去应对等问题。

的确，当前全球的形势可以说是"百年未见的大变局"。但对于企业的决策者来说，究竟"不确定性"体现在哪些地方？企业应该采取什么方法来适当应对呢？

### 中国企业的三种类型与地缘政治牵涉的风险

中国的企业可以分成许多类型，我们不能简单地说，企业一概应该怎样去做，因为这样说未免太过简单。

不同类型的企业在面临改变的时候，应该做和可以做的事情可能很不一样。简单来说，中国企业可以分成三种类型：第一类是在中国已经取得领导地位，并且已经进入国际化发展阶段的企业，如华为、阿里巴巴、联想等；第二类是在中国已经取得不错的成绩并开始进入国际化发展，但仍不属于非常成熟的企业，如字节跳动、OPPO、ViVo 等；第三类是主要业务以出口为主，从为他人贴牌生产到建立自有名牌的企业，对它们而言，海外市场至关重要。

国际局势近年变幻多端，国际关系的变化对全球性企业的业务有着巨大的冲击。近年，席卷全球的新冠肺炎疫情亦对世界秩序的重构起着重大影响。当然，就上述各类企业来说，愈是与全球其他国家经济关系密切的企业，国际局势、国际关系、世界秩序重构和它们的相关程度就愈高。但是，就算是不属于上述三类的第四类企业（即只与中国本土经济相关的企业），它们亦不可以不理会国际局势、国际关系和世界秩序带来的不确定性和风险。今天，没有一个国家，包括中国在内，是可以独立于全球政治经济发展之外的。因此，企业领导者必须思考清楚，在这样的时代背景下应该做什么，使自己一方面能够争取到应有的机会，另一方面又能规避相关的风险。

国际关系等主要驱动因素对中国的影响可分本土（Local）和全球（Global）两方面。简单来说，影响有好有坏。在本土方面，这些因素驱使中国政府加快了改革开放的步伐，同时扩大了投资的力度，确保中国的经济能够稳步增长，"保就业、保经济"，同时通过建设"新基建"和下一代的智慧城市为中国老百姓创造更高的生活质量。要达到这些目的，在企业发展方面，PPP（即包括地方政府、国企、民企和外资的参与）会催生新的生态系统。

在全球方面，国际关系和世界秩序重构带来的不确定性主要体现在全球治理和多边国际关系方面，特别是在全球化进程中多边主义和与其相对的"××优先"、单边主义两者的博弈，从而出现以单边主义作为出发点的所谓"国家安全"边界的无序移动，令不少中国企业特别是上述企业分类中的第一类企业和第二类企业都感觉到不同程度的不知所措。

**五种不确定性**

企业面对的不确定性将会是什么？这些不确定性将以什么方式出现？概括来说，我觉得有以下几点：

1. 业务边界的不确定——我的业务边界究竟在哪里？以前我是比较清楚的。我的业务边界可以由我制定。但在今天的巨变时代，可能连我自己的业务边界都轮不到我单独制定，往往第三方特别是某个国家政府的一道命令便可将我的业务边界重新定义。

2. 客户的不确定——从前谁是我的客户我很清楚，我亦清楚首要目标是要为客户着想，"客户为先"几乎已成为商业的金科玉律。可是，今天我的客户可能受某些国家的干预一夜之间就不再是我的客户。就算我想将客户放在第一位，人为的干扰让这不可能实现。

3. 标准的不确定——什么业务、生意都有它的标准和规矩。当然，科技方面的业务特别注意标准，但非科技的业务其实也是一样的。过去各行各业的业务标准和规矩都比较清晰，企业领导者一般有迹可寻。今天许多标准已经被单方面地破坏，或在建立新标准的时候，其他方面不愿意配合，往往出现"不同区域不同标准"的情况。

4. 价值链重构和全球分工的不确定——在上述驱动因素的作用下，几乎所有行业的价值链都在进行颠覆式的重构，随之而来的是全球分工的重新配置。在这样的巨变环境中，在重构中的价值链和全球分工的态势下，我应该主动（或被动）处于什么位置呢？而处于重构中的价值链之中的价值将会朝哪些方向和地区移动呢？价值链的重构和全球的再分工并不只是市场力量驱使的，它同时亦受到上述的国际关系——全球秩序重构的驱动。

5. 商业模式的不确定——综合上述各个因素，企业的商业模式便面临不同程度的不确定性。我的收入将会从哪里来？我的成本在什么程度能受我的控制？我的供应链是否安全？我的投资，特别是在科研上的投资，能否得到合理的回报和保护？假如我要采取额外投资防患于未然，这些额外的成本谁来承担？从前，我可以通过验证 MVP（Minimum Viable Product，即"最简化可行产品"）到市场去尝试我的商业模式，今天我还可以吗？

在巨变时代里所产生的不确定性，是在多方面通过多维度产生的，同时它的出现方式往往是突然的（或称为"非连续性"）。在这样的时代里，如果要成功驾驭企业的前进步伐或者只是维持生存，企业领导者必须拥有动态的战略思维，对周围的局势观察入微，以批判的眼光来分析问题，企业领导者平时要多阅读书籍，接受多种或新或旧的事物，不要人云亦云。

世上的事物总是在有序中混沌，在混沌中亦将有序。

## 二、企业应该如何调整后疫情时代的在华战略

受新冠肺炎疫情影响，中国经济在 2020 年第一季度急剧萎缩，之后随着复工复产开始缓慢复苏。2020 年 7 月，官方制造业采购经理人指数（PMI）攀升至 51.1，这个数字看似乐观，但即使到现在，中国经济呈 V 形复苏，其增长仍然会因交易伙伴数量下滑以及全球病例持续增长而受到制约，所以其前景仍然不明确。本次疫情除了给整体人类社会带来诸多挑战之外，亦给中国的经济发展带来了变数。因此，企业在华发展战略亦需重新调整。

### 疫情后，商业环境的变化

疫情期间，许多重要的商业领域都出现了消费需求的激增。例如因居家办公的人数大幅增长，社交媒体和远程办公平台迎来了蓬勃发展。从钉钉到企业微信，工作效率类应用在全国吸引了超过 3.08 亿新用户。在教育科技领域，有 4.23 亿学生正在使用

教育科技平台参与远程课堂学习。此外，游戏和视频流媒体平台的用户数量亦呈指数增长；零售和餐饮行业则正在重构人机共生的概念；京东通过自动仓储每天处理超过 100 万张订单；机器人初创企业 Keeno 开发了可供公共场所消毒所用的自动驾驶车辆。这都表明，随着几种突破性新兴技术的商业应用落地，中国正在进入技术革命的新时代。

疫情还推动了中国的公共卫生基础设施建设。中国国家领导人曾提出"把生物安全纳入国家安全体系"，敦促全面改善疾病预防、应急回应、政府问责，以及加强医疗科研攻关和教育水准。随着近期中国政策的变化，由技术驱动的尤其是与智慧城市发展相关的解决方案的出台，将推动人们对健康和公共福祉的关注。

**抓住未来智慧城市所带来的机会**

在回应公共卫生基建需求的同时，中央出台"新基建"计划，它包括三个组成部分：一是资讯基础设施（如 5G 和物联网）；二是融合基础设施（如智慧交通和智慧能源）；三是支撑研发的创新基础设施。新基建将成为加速中国新型数字经济发展的骨干力量，预计在 5 年内，它将产生 2 万亿美元的投资，来为下一代智慧城市的建设铺平道路。

自 2011 年开始，中国凭借快速的城市化进程和成为科技超级大国的雄心，持续在全国数百个"智慧城市"大量投资，旨在通过诸如物联网、5G、大数据、人工智能和区块链等先进技术增强城市治理能力。尽管大多数智慧城市在安全和交通方面取得了重大的进展，但它们忽略了应对新冠肺炎疫情之类的公共卫生需求。例如武汉早在 2012 年就宣布成为智慧城市试点地区，但它仍然在疫情中遭遇了巨大的挑战。

各级政府已经意识到，迫切需要将智慧城市的建设重点扩大到公共管理范畴，特别是公共卫生管理领域。2020 年 6 月，上海率先发布了一项为期 3 年的行动计划，提出结合先进技术驱动的治理机制，来加强公共卫生系统建设。

重建城市治理将采用政府和社会资本合作模式，通过地方政府和企业合作交付公共专案。这亦反映了中国自 20 世纪 80 年代起演变出的独特发展模式——三层二元结构。

举例来说，腾讯为武汉市政府启动了数字治理平台，生成健康码，并为民众提供最新的疫情统计数据。2020 年 9 月，腾讯与中国汽车制造商东风集团携手建立腾讯出行学院，其旨在培养智慧出行人才和孵化创业。2021 年 5 月，腾讯教育科技第二总部落户武汉，打造中部地区人工智能教育产业新高地。腾讯已将武汉作为其 WeCity 专案的试点城市，用以全面探索云计算、大数据和 AI 技术在数字治理和决策中的应用。

对在华企业而言，疫情之后的新商业格局标志着一个重新调整对华战略、适应变化的时机。许多具有前瞻性的企业已经与地方政府开展紧密合作，并利用现有资源和能力推动城市及其产业的转型。譬如，日本著名的办公设备制造商理光（Ricoh）在地方政府的积极推动下，将其位于深圳核心地块的厂房重新规划为用于研发、设计、中试测试和无污染生产的新型产业用地。中国领先的电子产品制造商清华紫光集团，围绕其核心芯片和云业务建立产业智慧园区来助力企业创新，并将盈利再反哺于核心业务。

## 对企业的启示

后疫情时代的中国将呈现出与众不同的面貌。到 2024 年，预计中国对世界经济增长的贡献率将超过四分之一，因此中国的出口和制造能力对全球至关重要。此外，公共管理问题是所有国家面临的挑战，要化解这一挑战，就需要中国与世界其他地区之间更加紧密地合作。

同时，围绕中国的国际关系因素将继续给在华及含对华业务的企业，特别是外企，带来不确定性。对于来自世界各地的商业决策者而言，要充分认识和理解中国为重振经济增长所做的投资以及随之带来的机遇和挑战。

当下正是在华企业的重要转折点，市场隐现着大量的机遇和挑战。一部分企业仍然在审时度势，犹豫是否要大举增资中国。

一部分企业甚至开始跨越行业边界，进入新的或相邻的领域。但是，无论采取何种策略，企业决策者都应当对未来有充分的见解，采取相应的行动，而非盲目地随大溜。

## 三、中国内地是香港地区年轻人的大舞台

2020 年 10 月，习近平总书记在深圳出席经济特区建立 40 周年庆祝大会时，表示要充分运用粤港澳重大合作平台，吸引更多港澳青少年到内地学习、就业和生活，促进粤港澳青少年广泛交往、全面交流和深度接触，从而增强其对祖国的向心力。

在其后发表的香港特区政府施政报告中，时任特首林郑月娥提出大湾区青年就业计划，香港特区政府将资助在香港及大湾区内地城市均有业务的企业，聘请香港大学生在大湾区内地城市工作。

### 改革开放以来中国发展迅速

自改革开放以来，中国的变化可谓翻天覆地。香港人对内地的认知必须与时俱进，不应该只是凭借对内地过去的印象来做出对今天和未来的判断。同时，它们亦不应该只是通过片面的信息来判断内地的现状。事实上，许多过滤过的信息并不一定代表着真相的全部。

以我个人经历来说，20世纪90年代初期，我开始回到内地工作。当时，我代表着美国波士顿咨询公司，到上海为他们建立并管理办事处。那时全国正掀起改革开放的浪潮，许多外资企业开始对中国市场产生巨大的兴趣，并聘请我们为它们出谋献策。但整体来说，当年的中国市场只是刚刚开放，许多人和企业对于企业管理和企业战略等概念都非常陌生，但中国不少企业经营者和政府单位却已经向我们提出了许多在战略和管理方面不太常见的问题。他们普遍极具好奇心和抱有进步的心态。当然，当时的香港已经相当发达，市场经济运行已久。两地的差距在许多方面都是非常大的。

因为我的工作和家庭关系，在20世纪90年代初期之后的近30年间，我经常来往于内地和香港，我见证了其发展相互交织的整个过程。我在美国留学、工作过较长一段时间，之后我在数家以美国为总部的顶级国际管理咨询公司长期工作，我的工作背景和经历给了自己不少启发。

### 民营企业带来创新与创业的社会氛围

所以，在快速发展的众多领域中，我想，最值得香港年轻人注意的是内地的创新与创业。

自从中央政府40多年前让民营经济回到神州大地之后，中国的创业者和他们拥有的创业精神，历经40多年的发展，今天早已在中国遍地开花。在政策、消费模式改变／升级和科技三大因素的相互驱动下，中国企业家已经成为创新和创业两方面的主要推动者。如今，民营经济在中国经济中已经成为相当重要的一部分。恒大研究院数据显示，中国民营企业贡献了中国经济的"456789"，即用 40% 左右的银行贷款贡献了 50% 以上的税收、60% 以上的 GDP、70% 以上的技术创新成果、80% 以上的城镇劳动就业，以及 90% 以上的企业数量。

从 2007 年美国苹果公司 CEO 乔布斯推出 iPhone 智能手机开始，中国民众迅速拥抱移动互联网所带来的便利，创业者们亦同时利用科技创造了众多新的商业模式。

今天，创新与创业已经成为中国商业文化的一部分。许多年轻人都已经投身于"双创"的行列之中。

中国的"双创"有四个特点。第一，创业分布地区广。它不只存在于一两个城市或地区之中，而是遍布许多地区，无论是在一些一线或二线城市，还是在一些三四线城市，我们都可以看到创业者的身影。第二，创业者的年轻化。今天许多创业者都是"90""00 后"的年轻人。他们看到一些创业先行者的成功，希望自己可以做到像前辈们一样成功。年轻人已经成为中国创业者的主要力量。第三，创新的广泛性。创新在许多不同的行业领域都已经出现，例如消费品、智能家电、大健康、汽车出行、能源、环保、制造业、自动化、智慧城市等，横跨了"2C"（面向消费者）、"2B"（面向企业）和"2G"（面向政府）。从国家战略层面来说，半导体芯片更是一项重点发展的领域。第四，创新速度惊人。上述的中国独角兽企业和中国富豪，从十多年前非常小的数目快速增长到今天世界首屈一指的大数目。

中国的科研投入亦给予了创新更多的动力。例如在人工智能专利方面，中国在 2019 年，申请了超过 11 万项人工智能方向的专利，这个数字首次超越美国，跃居世界第一。

在经历了十多年的移动互联网发展，以及以它作为平台所产生的创新创业之后，中国正在进入一个新的科技时代。这个时代将以人工智能、物联网、5G 和区块链等新一代颠覆性技术来驱动创新。配合着国家在新的五年规划和 2035 年发展蓝图中所勾画的科技强国愿景，未来，中国在科技创新方面将有更大的发展空间，这也将给予许多年轻人和创业者更多的机会。

### 创业亦是寻求自身成长的途径

当然，创业成功并不容易，亦可以说它是非常艰难的。今天我们看到的不少成功创业者，他们的成就可能是经过了多次创业失败才取得的。不过，今天的中国已经形成了一种不会蔑视创业失败的社会氛围。失败不可耻（只要创业没有使用旁门左道），失败之后亦可继续尝试，这种对失败的反思、包容已是今天中国社会文化核心理念之一。

优质的创新和创业并不只是在财富和物质方面的追求，它更重要的是给予了人们在创造力、心灵、思想和价值观方面的磨炼。此外，创业必须有愿景和战略，亦同时需要注重运营和财务方面的细节。创业者有可能进化为优秀企业家。优秀的中国企业家往往培养出了较为全面的思维能力和韧性。一部分走在前面的企业家在企业和个人的价值观上亦会不断地探索，找寻更高的境界。

今天中国已经成为世界最大的商业实验室。多种商业尝试通过创新和创业者，以及多种企业（包括民企、国企、外资企业等）积极进行。这些尝试给予了所有参与者无穷的机会，从而磨炼出自己的本领。

**香港地区年轻人的才智应在中国内地经济大舞台上得以施展**

香港的年轻人可以利用中国内地经济舞台所提供的机会。30多年前我到中国内地工作时，我对内地亦非常陌生，当时我的普通话水平是非常"普通"，但现实中的经验告诉我，许多当时我本来以为是问题的问题，其实最后都不是真正的问题。只要我有决心，许多表面上看似棘手的问题就都可以解决。

事实上，不少到中国内地发展的香港年轻人都已经获得了不同程度的成绩。例如古永锵成功创立视频网站优酷，让它成为内地视频网站的代表，顺丰速运集团创始人、董事长王卫，平安保险集团前总经理张子欣和现任腾讯控股总裁刘炽平等都是香港人，此类案例不胜枚举。

过去20多年间，我亦在内地聘请过为数不少的香港年轻人加入公司。这些香港人都能高度融入内地的环境，在工作上发挥他们的长处，之后亦各自有很不错的发展和成就。

香港的年轻人可以选择到大湾区，亦可选择到如上海、北京或内地其他城市生活、工作。他们可以选择去适合的企业打工或尝试创业（在适当的条件下），或通过其他渠道利用国家提供的舞台、给予的机会。

你会发觉，选择在中国内地发展，给你带来的不只是一份工作，还带来了一些新的知识、看法和视野。随着时间的推移，这些无形的能力逐渐会变成你自己的资产，成为你自己的一部分。而谁都不能取走这些资产，最能够享受它带来的红利的就是你自己。

当然，中国内地并不是一个完美的社会，它也存在一些问题。但不可否认的是，政府正在不断努力将问题解决，起码很多方面在改善。况且，在当今世界中，本来就没有哪个地方是完美的，包括中国香港地区和某些西方国家与地区在内，每个地区都存在自己的问题。我们对任何一个地方的判断都应以它的发展速度和路径作为基础。

我们不应该过分以香港地区作为本位。我们是香港人，亦是中国人，同时亦是全球人。我们今天可以在香港，明天可以在内地，后天可以在海外，大后天亦可以回到香港，但有了知识、视野和判断能力之后，无论去哪里我们都可以发挥自己所长。

## 四、中国企业需调整策略应对国际关系新格局

自 2020 年年初新冠肺炎疫情暴发以来，中国率先走出疫情困境，高速复苏经济，当年第二季度及第三季度，其 GDP 分别增长 3.2% 和 4.9%。然而，随着国际关系格局改变，尤其是中美关系不断恶化，中国在国际上承受着很大的舆论压力，这使中国经济发展受到较大影响，也使得企业面对很多新的挑战，进而需要做出新的抉择。

2020 年 11 月 3 日，民主党的拜登当选新一任美国总统，但当时的在任总统特朗普指责拜登在多个州出现舞弊问题，并放言会提出法律诉讼。然而，中美两国的问题不会因为谁当选美国总统而得到解决，因为近年来美国及西方社会对中国的看法已有很大的改变，据某民调反映，大部分美国民众对中国的印象不如以往，短期内他们的偏见或不信任将会持续下去。

在这种局面下，无论是外资企业、国有企业，还是民营企业，都需要思索及调整策略，来应对中美关系及国际局面的改变，以寻求生存之道和继续发展。

## 中资科技公司遭受巨大打击

近年来，科技领域是受影响的"重灾区"。特朗普执政时期，声称中国科技公司危害美国的"国家安全"，因此特别针对包括华为在内的中国科技公司做出惩罚措施，令这些公司受到很大的打击，而且这些科技公司受到的压力不仅来自美国，还来自美国的盟友，包括"五眼联盟"（由美国、英国、加拿大、澳大利亚、新西兰这5个英语国家的机构组成的联盟）国家的压力。

新冠肺炎疫情改变了很多人的行为，无论是工作、沟通还是购物方式都出现了重大改变，远程工作、会议、购物等电子平台及相关工具获得了快速的发展。与此相关的科技公司本可受惠于疫情带来的商机，但美国对中国科技公司的打压成为人为的限制因素。所谓"国家安全"的定义没有准则，可以任由它们诠释，它们自然可以用此对一些对美国科技发展有威胁的中国公司做出制裁行动。

美国抵制中国科技公司，其实是在抵制过去30年全球化的结果。美方对中国科技公司穷追猛打，同时也令中国企业不得不反思过去在全球化进程中受益但忽略了的潜在危机。

美国在30年前启动全球化分工模式，把一些工序外包到低成本、廉价劳工充足的国家，如中国、印度，但在美国国内保留了高增值行业，如研发、高端技术等。当年中国推动改革开放，令大量劳动人口可以满足市场的人力需求，工厂得以承接外国订单生产制造，从而推动自身经济急速发展。

全球化模式本来运作得很好，分工清楚，各国之间互惠互利，中国按照其游戏规则努力，在过去数十年得以实现经济高速增长，但在这个过程中中国国内没有发展某些核心科技，自主创新不足，例如中国的芯片技术相对落后。如果不能掌握核心科技，一旦遭到美方打压，中国的发展就很容易被人扼住咽喉，制住命门。

因此，当前中国必须在瓶颈地带有所创新和突破。这对中国企业来讲也是一个很大的教训。

现今，中国开发芯片技术如火如荼，中央已做出明确指示要在这方面有所突破。中国的特点是，在中央做出号召之后，地方政府、企业及创业者会积极响应，尤其是地方政府会配合企业，提供资金和各种便利条件以促进发展。按照以往经验来看，众多投入芯片开发的地方政府及企业中，最终只有小部分企业会取得成功，但由于市场基数大，小概率乘以大基数，成功企业数量在国际上也会是一个不小的数目。

我个人预测，中国在芯片技术研发上会有所突破，它将为整个芯片产业链带来改变，并解决目前的技术瓶颈问题，同时为全球科技发展新格局带来影响。然而，这可能不会在近两年出现，但是在三五年后肯定会逐渐出现变化。

## "去中国化"论调出现 180 度转变

中国是全球制造业中心，2020 年 1 月，中国暴发疫情后，全国许多地方的生产停顿，这影响了全球的供应链。当时美国、日本及多个西方国家的政府及企业，有不少人认为中国生产停顿影响深远，未来不能把供应链只放在中国，它们必须将供应链撤出中国，再投资到其他的国家，或者是把生产回流到自己的国家。一时间，"去中国化"或"逆全球化"的论调甚嚣尘上，并在 2020 年 2 月—3 月达到高峰。

当时我曾与不少客户，包括跨国企业的 CEO 及中国民营企业高层研究此问题，我发现事实并非如此，我们要区分不同种类的供应链去看问题。如果是增值程度高的供应链，例如手机及 iPad 等高端电子产品，要求生产厂具有很强的生产能力，需要集群式供应链的存在，因此并不容易随时撤离、转移到其他地方，而中国在此类供应链供给方面有很大优势，不容易被替代。

随着疫情的发展，中国控制疫情的速度较其他西方国家更快，反观其他国家，仍在控制疫情和重振经济之间纠缠，更没有能力全面恢复生产，而到了 2020 年 5 月—6 月，"去中国化"论调已经出现了 180 度的大转弯。

各国企业由讨论如何"去中国化"，到看到中国经济及市场发展前景不俗，并发现中国更是很多企业唯一有钱赚的市场。因此很多大企业明白，不是自身要"去中国化"，而是要加强自身在中国的投资及市场渗透率，以享受中国市场带来的红利。

　　事实上，中国采取了一系列促进经济复苏的政策，包括"双循环"理念，即以内循环配合外循环的政策推进经济的发展，而这些政策已经取得了一定的成效，例如 2020 年国庆黄金周期间，中国大量民众在境内旅游消费，这对于刺激经济的发展无疑是有利的。而反观全球大部分国家，它们都出现了不同程度的负增长。

## 年轻人应把握大湾区发展机遇

　　在全国致力于复苏经济的形势下，2020 年 10 月中旬，习近平总书记出席深圳经济特区建立 40 周年庆祝大会并在广东考察，并为深圳以至粤港澳大湾区的发展方向提出愿景和指示，可以预见，未来的深圳会更加开放，更加拥抱创新，更加大胆做出新尝试。而香港作为大湾区的一部分，亦将迎来新机遇，分享大湾区未来发展的红利。

　　习近平总书记提出"要充分运用粤港澳重大合作平台，吸引更多港澳青少年来内地学习、就业、生活"。

　　在 1992 年年底，我从海外回到中国工作，代表波士顿咨询公司在上海从事管理咨询工作，当时的中国还相对落后，在之后30 年的时间里，我见证了中国逐渐走向富强的过程，我不但看到了中国发展的轨迹，更重要的是，我感受到了中国人的变化，特别是年轻人的转变，他们具有雄心壮志，而这里的环境和氛围容许他们可以发挥自己的才能，实现壮志。

所以中国香港的年轻人不要顾虑自己的普通话不行，或者顾虑自己对内地不了解。就我个人而言，我当年边做边学，发现适应内地并不是想象中那么难的事情，内地的机遇特别多，很值得尝试。香港的年轻人应把握大湾区发展机遇。

# 五、地方政府对新科技的积极态度

在过去 30 年期间，我曾接受不少中国的地方政府的邀请，去给它们讲课，在某些战略发展问题上，为它们提出我的意见和建议。而我讲课的题目，一般会环绕着中国城市或经济圈的问题和成果来展开，比如建议它们在确定发展战略时，应该考虑哪些发展重点、方法，以及对照海外其他城市发展方面的经验，它们可以借鉴哪些经验。

## 地方政府官员乐于学习聆听

令我至今记忆深刻的一件事情是，在近 20 年以前，互联网还不是非常普及，阿里巴巴仍然只是一家规模不大的公司。当时，杭州市政府邀请我讲解城市未来应该如何发展的内容。当天杭州市委书记和市长都到场聆听，还有其他不少政府机关和企业的代表来听课。他们这种积极的学习态度令人印象深刻。

今天的杭州正在成为中国创新、创业之都，它是阿里和其他许多科技公司的总部所在地。在那里，年轻人创业氛围浓厚，创业公司比比皆是，年轻人有足够的机会向社会上层流动。

除了杭州之外，我也为不少其他地方政府讲过课，就当地城市发展提出我的一些意见。当然，他们内心是否接受我的建议，我当时是不知道的。但从现场听课情况来看，大家都在认真听讲和做笔记。

事实上，近二三十年，中国的不少城市都发展得比较好，也都确定了比较清晰和明确的城市定位，并在其城市定位上有所作为。实际上，城市之间的竞争，也在驱使着城市产生积极的发展意识。

例如，2021 年 5 月 20 日，我受邀参加了由《中国日报》和天津市委宣传部共同举办的主题为"智慧新时代：赋能新发展、智构新格局"的线上"新时代大讲堂"。这次活动是为了配合天津市的第五届世界智能大会而举办的。

当时世界智能大会已经在中国成功举办了 4 次，它聚焦于全球智能科学和技术领域的学术交流、传播、开放式创新和深入合作。我在当时的演讲中，就人工智能在未来的发展态势、人工智能在后疫情时代扮演的角色和天津市未来发展的方向分享了我的观点。

我讲的内容可以简单归结为以下内容：

当今的世界正在进入一个由多种颠覆性科技共同影响的新时代，这些颠覆性科技包括物联网、人工智能、5G、大数据和区块链技术。与此同时，世界也在经历从线上连接产生经济价值，过渡到基于算法经济的新阶段，这个新阶段将有效发挥人工智能的价值。

算法通过人、设备、业务和流程等要素之间生成的海量数据，提取其中可操作的洞察来创造价值。政府现在越来越意识到，单纯的虚拟经济模型无法在任何时候都行之有效，因此它们呼吁将实体经济与虚拟经济进行整合，以释放演算法和智慧技术的力量。

2021 年 3 月 11 日，中国政府的"十四五"规划正式发布，这一国家发展规划明确了中国高质量发展的方向，且强调创新和科技自主将成为重中之重。此外，中国的 2035 年远景规划亦提及，中国将在发展的道路上，进一步提升高附加值产品的制造能力。

中国政府持续推动以创新为引擎的高质量发展，这将为中国带来诸多新机遇，尤其是在天津这样重要的高科技中心区域。中国的许多城市，包括天津在内，都在重点发展智慧互联汽车、新能源汽车和自动驾驶技术。而多年以来，天津在制造业、物流、医疗卫生等领域积累了不少的优势。在实体经济方面，天津有着巨大的发展潜能，这种潜能会通过智慧制造和集成物流进一步激发出来。

依靠天津的历史优势，发展以工业互联网为基础的生态系统，将是一个值得关注的方面。另外，天津在发展成一个兼具运营和创新的移动出行枢纽城市方面有着天然的地理优势。此外，虽然量子计算仍处于发展的初期，但随着天津市政府对创新驱动的智慧技术与产业融合发展的支援，量子计算这一领域亦值得投资。

### 香港特区政府应更加积极

在香港回归后，香港的发展在不同特首执政的阶段都有不同的发展蓝图或施政报告。总体来说，其效果可以说不太如人意，香港并未完全发挥它应有的潜能。

回归后，"半导体数码港"项目对于香港而言本来应该是一个很好的科技创新专案，可惜最后被房地产项目所取代。

香港城市治理问题的来源，除了过去港英政府遗留的和相关公务员系统完全沿用的"积极不干预"政策之外，香港官员在集体学习新知识，特别是在学习科技、创新等方面的工作可以说是非常缺乏的。

没有知识便没有突破，过往的线性思维已经不能解决今天多维、快速变化、模棱两可环境中所衍生的问题。中国内地的不少地方政府是学习型组织，它们在吸收新知识方面抱着积极和孜孜不倦的态度，同时它们亦经常能够将知识转化为行动，能与企业（不论规模大小）建立协同的生态系统，并孕育企业的发展。

大量内地城市在过去二三十年的时间里，能够高速和高质量发展不是没有原因的。许多城市的发展是由内生动力引起的，这是通过整体学习能力和彼此的良性竞争而产生出来的一种力量。

所以，内地地方政府学习知识和新科技的积极态度值得香港地区有关方面借鉴。

## 六、整顿科技公司为未来经济增长铺路

2021 年 8 月，中国展开了一系列针对科技行业的监管措施，一度引发各界的担忧。从叫停蚂蚁金服 IPO 到整顿课外教培行业，不少人开始怀疑，这些举措是否意味着政府对民营企业态度突然转变？

### 监管收紧因由各异

在过去十几年间，中国企业家频频利用移动互联网创建新的商业模式。在电子商务、"新零售"、移动出行、外卖等领域均涌现了不少高价值的公司。

这些对科技公司的监管突然收紧，其背后的原因各不相同。蚂蚁集团上市搁浅，是因为其商业模式所涉及的财务杠杆过高，可能引起社会风险；阿里巴巴和美团因坚持商家"二选一"而遭到反垄断处罚；滴滴出行在纽约证券交易所上市，因其并未完全遵守中国对数据安全的监管要求，被责令整改；整顿校外辅导机构则是出于担心越发高昂的教育成本，将给三孩政策和孩子的成长带来负面的影响。

以上提及的许多监管措施，其实在西方国家亦会执行，但中国解决这些问题的决心和速度是比较明显的。

### 个人和集体的平衡一直不断演变

正如我之前所言，中国正在探索具有中国特色的现代化道路，在思考未来时，中国也在回顾其辉煌的过去。

中国坚持把马克思主义原理同中华优秀传统文化相结合，坚持社会主义原则，同时也拥抱市场经济所给予的活力。在聚焦"中华民族伟大复兴"这个目标时，同时力争推动构建"人类命运共同体"。

中国的文化既有二元性，又有统一性，指引着中华文明的发展。今天，中国在促进集体利益的同时，仍允许个人追求适当的经济利益。

持续的试验一直是中国改革开放时代的一大特色，集体主义与个人主义之间的微妙平衡也一直在不断演变。在改革初期，中国着力于引入更多的市场经济成分，容许民营企业家进行不同的试验。然而，随着某些形式的极端资本主义的涌现，两者之间的平衡自然需要适当调整。钟摆开始转向集体利益一边。

与此同时，科技进步和国际关系也对中国的国家建设产生了重大影响，使诸如跨境数据安全等问题变得尤为重要。曾有的规定正在发生变化，而新的规定也在不断出现。

### 监管行动早有警告

官方对互联网平台的一系列监管行动并非毫无征兆。习近平总书记在 2018 年的全国"两会"时，已经指出了校外辅导的负面影响。他说，一些课外辅导机构"增加了家庭经济负担""违背教育规律""扰乱了学校正常教育教学秩序"。此外，习近平总书记亦表示，教育行业"不能变成逐利的产业"。

在 2021 年 7 月的中国互联网大会的演讲中，重庆前市长黄奇帆批评了互联网平台的商业模式。他说，他发现了 4 个主要问题：一是拼命烧钱扩大规模，打败对手取得垄断；二是利用人性的弱点来设计产品，打擦边球，扩大流量，吸引眼球；三是利用网络平台垄断地位，采取不对等的措施，采集客户、老百姓的资讯，甚至侵犯隐私；四是互联网杀熟。"这种类型的商业模式没有产生资源优化配置，它在社会总体价值创造上贡献有限。"

中国的"十四五"规划强调了技术创新和技术自给自足的重要性，这与美国政府对高端半导体芯片等核心技术的制裁有关。中国还提出了"双循环"经济政策，力争在重视国际贸易的同时，更加重视国内供需。这有赖于中国快速壮大的中等收入群体，对更高品质产品和服务需求的不断增长。

### 改善生态促进创新

展望未来，除了改善整体生态环境外，能多促进创新的"硬科技"，以及能够满足不断壮大的中等收入群体和低收入阶层需求的产品和服务将变得更加重要。集体利益将成为投资决策的关键因素，这就是国家领导人在中央财经委员会的讲话中强调的"共同富裕"的本质。

政策上突如其来的剧烈调整，对某些人来说可能是相当痛苦的，但它们将为中国未来的增长奠定基础。与此同时，中国也在重新划定"红线"。在新的场景之中，有更多工作需要更多主体来做，这需要大量公司和投资者的加入，其中不少可能通过政府与社会资本合作进行。

只要选择正确的投资赛道，考虑到新的思路，更多的初创企业和投资者将会从新的焦点中受益。中国对具有中国特色的现代化道路的探索仍在继续。

# 后　记

　　这本书里收集的文章是 2020 年 7 月至 2021 年 8 月，我在中国香港灼见名家网站发表的专栏文章。2021 年 12 月，我将这些文稿进行整理，同时撰写了此书的序言。

　　由于出版程序的要求，本书经历了持续数月的三审三校，这几个月中，世界局势发生了很大的变化。除了新冠肺炎疫情还未完全受控之外，地缘政治也出现了天翻地覆的变化。大家的注意力已快速转移到"将来的世界秩序将会如何演化""新的世界秩序对企业的启示是什么"等课题。

　　随着最近国际局势紧张，中国经济发展亦增加了不确定性。俄乌冲突引起了全球市场的波动，包括股市下跌，原油、天然气、粮食和金属等价格大幅波动，加上全球供应链的割裂，一系列的经济变化引起了国际社会的动荡，中国也得到了更广泛的关注。

　　在过去 40 多年中，中国迅速成长为全球第二大经济体、世界上最重要的贸易国和制造国之一，亦是俄罗斯和乌克兰的主要贸易伙伴。许多国际舆论认为，未来中国的贸易成本将会提高，通货膨胀带来的压力将给中国经济增长带来挑战。

我认为，在国际局势持续紧张之际，俄乌冲突后的新国际秩序中，中国虽然会受到某种程度的影响，但相对而言，中国将会成为全球经济发展中主要的稳定堡垒。尽管"逆全球化"的力量俨然日趋壮大，但是全球化的基本驱动因素仍将会存在，并且中国将成为重心或重心之一。

表面上，某种力量将会驱使某种程度的"脱钩"产生，但中国的经济规模、科技力量和供应链能力，以及逐渐对外开放的政策，将让全球化和互联互通的黏力以中国为中心地加强。

特别是在全球金融体系中，军事冲突后的秩序将加速提高中国在全球金融体系中的重要性。

这对一些本来依赖原有的金融体系为生的企业将是一个威胁，但将会为一些可依靠新的金融体系而随机崛起的颠覆型企业提供极大的机会。

最后，由衷感谢各位读者的支持，如果你对此书的任何内容和观点有任何意见和反馈，请给我发信息，邮箱地址为：info@gaofengadv.com。

感谢！

谢祖墀

2022 年 4 月于中国香港

**图书在版编目（CIP）数据**

变局思维 / 谢祖墀 著 . —北京：东方出版社，2022.10
ISBN 978-7-5207-2894-2

Ⅰ.①变…　Ⅱ.①谢…　Ⅲ.①中国经济—研究　Ⅳ.① F12

中国版本图书馆 CIP 数据核字（2022）第 132687 号

**变局思维**

（ BIANJU SIWEI ）

- - - - - - - - - - - - - - - - - - - - - - - - - - - - - - - - - - - - - - - - - - - - - - - - - - - - - - - - - - - - -

作　　者：谢祖墀
责任编辑：李　烨　袁　园
出　　版：东方出版社
发　　行：人民东方出版传媒有限公司
地　　址：北京市东城区朝阳门内大街 166 号
邮　　编：100010
印　　刷：北京明恒达印务有限公司
版　　次：2022 年 10 月第 1 版
印　　次：2022 年 10 月第 2 次印刷
开　　本：660 毫米 ×960 毫米　1/16
印　　张：14.5
字　　数：150 千字
书　　号：ISBN 978-7-5207-2894-2
定　　价：68.00 元
发行电话：（010）85924663　85924644　85924641

- - - - - - - - - - - - - - - - - - - - - - - - - - - - - - - - - - - - - - - - - - - - - - - - - - - - - - - - - - - - -